essentials

essentials liefern aktuelles Wissen in konzentrierter Form. Die Essenz dessen, worauf es als „State-of-the-Art" in der gegenwärtigen Fachdiskussion oder in der Praxis ankommt. *essentials* informieren schnell, unkompliziert und verständlich

- als Einführung in ein aktuelles Thema aus Ihrem Fachgebiet
- als Einstieg in ein für Sie noch unbekanntes Themenfeld
- als Einblick, um zum Thema mitreden zu können

Die Bücher in elektronischer und gedruckter Form bringen das Fachwissen von Springerautor*innen kompakt zur Darstellung. Sie sind besonders für die Nutzung als eBook auf Tablet-PCs, eBook-Readern und Smartphones geeignet. *essentials* sind Wissensbausteine aus den Wirtschafts-, Sozial- und Geisteswi ssenschaften, aus Technik und Naturwissenschaften sowie aus Medizin, Psychologie und Gesundheitsberufen. Von renommierten Autor*innen aller Springer-Verlagsmarken.

Stefan Georg

Laborcontrolling

Stefan Georg
Quierschied, Deutschland

ISSN 2197-6708   ISSN 2197-6716   (electronic)
essentials
ISBN 978-3-658-40225-9   ISBN 978-3-658-40226-6   (eBook)
https://doi.org/10.1007/978-3-658-40226-6

Die Deutsche Nationalbibliothek verzeichnet diese Publikation in der Deutschen Nationalbibliografie; detaillierte bibliografische Daten sind im Internet über http://dnb.d-nb.de abrufbar.

Planung/Lektorat: Vivien Bender
Springer Gabler ist ein Imprint der eingetragenen Gesellschaft Springer Fachmedien Wiesbaden GmbH und ist ein Teil von Springer Nature.
Die Anschrift der Gesellschaft ist: Abraham-Lincoln-Str. 46, 65189 Wiesbaden, Germany

Was Sie in diesem *essential* finden Können

- Erläuterung von Unternehmenszielen und Controllingaufgaben
- Darstellung der Rolle des Labors im unternehmerischen Controllingumfeld
- Diskussion der Wirkung des Labors auf das betriebliche Rechnungswesen
- Beschreibung der wesentlichen Merkmale einer Kostenrechnung für das Labor
- Nutzungsmöglichkeiten von Kennzahlen für das Controlling von Laboren
- Einsatz der Balanced Scorcard im Labor

Vorwort

In Laboren arbeitet eine Vielzahl von Experten aus unterschiedlichen Bereichen. Sie als Leser[1] gehören wahrscheinlich dazu. Die Expertenvielfalt lässt sich mit der großen Zahl der verschiedenen Arten von Laboren begründen. Es gibt medizinische, pharmazeutische, biologische und chemische, aber auch technische und ingenieurwissenschaftliche Labore – wahrscheinlich noch eine ganze Reihe mehr. Entsprechend vielfältig sind auch die Fähigkeiten des Laborpersonals. Es tummeln sich vor allem Naturwissenschaftler (Biologen, Chemiker, Pharmazeuten und Mediziner), Techniker und Ingenieure sowie Informatiker in den Laboren – seien sie studiert und klassisch ausgebildet. Wer aber immer noch selten in Laboren anzutreffen sind, das sind die Kaufleute.

Selbst Laborleistungen haben oft keinerlei kaufmännische Ausbildung. Dabei kommt dem Labor eine wichtige Aufgabe hinsichtlich der Unternehmenszielsetzung zu. Unternehmen achten auf Wirtschaftlichkeit und Rentabilität. Und Labore, deren Ausstattung oft mit großen Investitionen verbunden ist, tragen dazu entscheidend bei.

Dieses Buch richtet sich an Laborfachkräfte ohne oder mit nur sehr rudimentärer kaufmännischer Grundbildung, wie ich sie schon häufig bei meinen Seminaren im Auftrag des Unternehmens Klinkner & Partner GmbH, Saarbrücken, kennengelernt habe. Sie sollen die Gelegenheit erhalten zu verstehen, wie das Labor mit seiner Arbeit zur wirtschaftlichen Betriebsführung beitragen kann – gesteuert über das sogenannte Laborcontrolling. Natürlich kann ein

---

[1] Aus Gründen der besseren Lesbarkeit verwendet der Autor in diesem Buch immer nur die männliche Form. Fühlen Sie sich auch dann angesprochen, wenn Sie zur Gruppe der weiblichen oder diversen Personen zählen. Sie sind genauso Bestandteil der geschätzten Leserschaft wie alle männlichen Leser.

einzelnes Buch kein betriebswirtschaftliches Studium ersetzen, aber Ihr Verständnis für das Controlling und die Unternehmensführung sollte mit diesem Buch entscheidend wachsen.

Und jetzt wünsche Ihnen eine lehrreiche Lesezeit mit diesem Buch.

Stefan Georg

Inhaltsverzeichnis

Unternehmensziele

Unternehmen wollen Geld verdienen: Nein, Unternehmen **müssen** Geld verdienen. Auch alle Unternehmen, die ein Labor unterhalten. Aber warum ist das so?

Wer ein Unternehmen aufbauen und führen will, benötigt **Kapital.** Denn das Unternehmen gibt es nicht gratis – das Labor natürlich ebenfalls nicht. Wer Kapital benötigt, braucht auch Kapitalgeber. Das sind die Menschen oder Organisationen, die dem Unternehmen Kapital zur Verfügung stellen. Doch warum sollten sie so etwas tun?

Wer Kapital besitzt, hat die Möglichkeit, dieses zu investieren. Eine Investititonsalternative bilden Exchange Traded Funds (ETF). Ein ETF ist ein an der Börse gehandelter Indexfonds. Er bildet die Wertentwicklung eines Index (z. B. den Deutschen Aktienindex DAX) vollständig ab. Somit ermöglichen diese Wertpapiere den Kapitalanlegern, in ganze Märkte zu investieren – und nicht nur in einzelne Unternehmen. Das bringt gewisse Vorteile mit sich.

Wie Sie sicherlich wissen, ist die unternehmerische Tätigkeit riskant. Es gibt keine Garantie, dass ein Unternehmen Gewinne erwirtschaftet; ja es droht sogar die Insolvenz, was letztlich bedeutet, dass auch ein Totalverlust des Kapitaleinsatzes möglich ist. Wenn Sie dagegen in einen ETF investieren, dann streuen Sie das Risiko, da der Indexfonds nicht nur ein Unternehmen abbildet, sondern sehr viele. Sollte dann einmal tatsächlich ein Unternehmen von Insolvenz betroffen sein, dann trifft Sie das letztlich nicht so hart, weil Sie ja auch in die ganzen anderen Unternehmen investiert sind.

Wenn Sie Ihr Kapital bspw. in den MSCI Europe Energy 20/35 Capped ETF investiert haben, dann konnten Sie damit in den letzten 3 Jahren rund 20 % Gewinn erwirtschaften (Stand: September 2022). Mit anderen Indexfonds konnten Sie mehr oder weniger Geld verdienen. Es ist natürlich auch möglich, dass Sie

Geld verloren haben – so ist das nun einmal, wenn Sie Kapital in Unternehmen investieren: es besteht immer ein Verlustrisiko. Warum stelle ich Ihnen hier diese Anlagemöglichkeit vor? Nun, Sie sollen erkennen, dass ein Kapitalgeber immer die Wahl hat, wie er sein Geld investiert. Und er wird sich für die Möglichkeit entscheiden, die ihm vielversprechend erscheint. Da es immer möglich ist, mit einer Kapitalanlage Geld zu verdienen, ist diese Aussicht die Grundvoraussetzung dafür, dass der Investor Ihr Unternehmen auswählen wird.

Jetzt wissen wir also schon einmal, dass auch Ihr Unternehmen, das ein oder mehrere Labore betreibt, auch Geld verdienen muss, sonst ist es für Kapitalgeber uninteressant. Und zu diesem Ziel müssen dann alle Organisationseinheiten (alle Fachabteilungen) des Unternehmens einen Beitrag leisten.

Natürlich kann nicht jede Fachabteilung direkt Geld verdienen. Dazu müsste sie eine Leistung erbringen, die sie am Markt teurer verkaufen kann, als mit der Leistung selbst Kosten verbunden sind. Das ist aber gar nicht immer möglich. Betrachten Sie doch einmal die Personalabteilung Ihres Unternehmens. Sie kümmert sich u. a. um die Personalbeschaffung, um Personalverwaltung oder um Weiterbildung und damit um innerbetriebliche Leistungen. Zwar können diese Leistungen mit einem innerbetrieblichen Verrechnungspreis versehen werden, das spült aber kein Geld in die Kasse. In solchen Fachabteilungen bzw. Organisationseinheiten liegt der Fokus damit auf der wirtschaftlichen Leistungserbringung. Aber was heißt das?

Die Leistungserbringung ist wirtschaftlich, wenn Sie einerseits qualitativ hochwertig ist – und zwar genau so hochwertig, wie man die Leistung im Unternehmen auch benötigt. Andererseits muss sie kosteneffizient erbracht werden. Das heißt, es sollen keine höheren Kosten anfallen, als notwendig sind. Dazu muss die Fachabteilung aber wissen, was Kosten überhaupt sind, wie hoch diese sind und wie sie zu beeinflussen sind. Doch wer versorgt die Fachabteilung mit diesen Informationen? Richtig, das macht das **Controlling.**

Es ist unerheblich, ob das Unternehmen eine eigene Controlling-Fachabteilung hat oder ob die Controlling-Leistungen von anderen Mitarbeitern im Team übernommen werden. Wichtig ist nur, dass letztlich jede Abteilung über die Informationen verfügt, die sie benötigt, um zur wirtschaftlichen Leistungserbringung des Unternehmens beizutragen. Und dank der zunehmenden Digitalisierung im Controlling lassen sich Informationen auch immer besser im Unternehmen verteilen.[1]

Was heißt das jetzt für das Labor?

---

[1] Zur Digitalisierung im Controlling siehe insbesondere auch Langmann (2019).

Die Frage ist gar nicht so einfach zu beantworten, denn **das** Labor gibt es gar nicht. Laborarbeit ist sehr vielfältig, und die Art der Leistungserbringung unterscheidet sich von Labor zu Labor teilweise gravierend. Denken Sie nur an die Labore, die Leistungen für einen externen Kunden erbringen: Sie alle kennen das Labor, in dem Ihre Blutwerte bestimmt werden, wenn Ihr Arzt eine Blutuntersuchung angeordnet hat. Das Analyselabor erbringt hier eine marktfähige Leistung für einen externen Kunden und kann demnach auch Rechnungen stellen (und sei es gegenüber den Krankenversicherungen). Andererseits gibt es auch Labore, die Untersuchungen durchführen, die „nur" innerbetrieblich genutzt werden. Es gibt dann keinen Adressaten, an den eine Rechnung geschickt wird. Vielmehr bildet das Labor dann eine sogenannte (Hilfs-)Kostenstelle. Und auch die staatlichen Labore sind nicht zu vergessen, wie beispielsweise das Labor des Bayerischen Landesamtes für Gesundheit und Lebensmittelsicherheit LGL[2].

Aufgrund der Vielfalt der Laborarbeit und Labororganisation können wir also kein einheitliches Rezept für das Laborcontrolling erstellen, sondern wir müssen stets die jeweiligen Voraussetzungen betrachten. Und deshalb ist es wichtig, dass wir zunächst einmal verstehen, was Controlling überhaupt ist. Und genau damit geht es jetzt los.

---

[2] Bayerisches Landesamt für Gesundheit und Lebensmittelsicherheit (o. J.): Onlinequelle.

Grundlagen des Controllings

2

Um das Controlling verstehen zu können, lohnt es sich, das Controller-Leitbild des Controller Vereins zu betrachten.[1]

> **Das Controller-Leitbild**
> Controller gestalten und begleiten den Management-Prozess der Zielfindung, Planung und Steuerung und tragen damit Mitverantwortung für die Zielerreichung.

Das heißt

- Controller unterstützen die Strategie-, Ergebnis-, Finanz- und Prozesstransparenz. Somit tragen sie zu mehr Wirtschaftlichkeit bei. Letztlich geht es darum, das Geldverdienen zu ermöglichen und zu unterstützen.
- Controller koordinieren die Teilziele und Teilpläne ganzheitlich und organisieren unternehmensübergreifend das zukunftsorientierte Berichtswesen. Das bedeutet, jede Fachabteilung und damit auch das Labor muss sich letztendlich den Zielen des Gesamtunternehmens unterordnen.
- Controller moderieren und gestalten den Management-Prozess der Zielfindung, der Planung und der Steuerung so, dass jeder Entscheidungsträger zielorientiert handeln kann. Damit definiert sich das Controlling vor allem über die Aufgaben Planung und Steuerung.
- Controller leisten den dazu erforderlichen Service der betriebswirtschaftlichen Daten- und Informationsversorgung. Mit dieser Ergänzung wird auch

---

[1] Siehe dazu Geschäftsführender Ausschuss der IGC (o. J.), Onlinequelle.

© Der/die Autor(en), exklusiv lizenziert an Springer Fachmedien Wiesbaden GmbH, ein Teil von Springer Nature 2023
S. Georg, *Laborcontrolling*, essentials,
https://doi.org/10.1007/978-3-658-40226-6_2

die Informationsaufgabe im Controlling verankert. Somit tragen auch Labor-Informations-Management-Systeme (LIMS)[2] zur Informationsversorgung bei.
- Controller gestalten und pflegen die Controllingsysteme. Dies ist erforderlich, da sich die Rahmenbedingungen für Unternehmen stetig ändern, wodurch auch die Controllingsysteme angepasst werden müssen.

Doch wie sieht das Controlling in der Praxis aus? Betrachten wir dazu eine beispielhafte Stellenanzeige:

Zur Verstärkung unseres Teams suchen wir zum nächstmöglichen Zeitpunkt, vorerst in Teilzeit, einen ambitionierte/-n

Controller (m/w) mit Finanzbuchhaltungskenntnissen.

Folgende Aufgaben gehören dabei zu Ihren Tätigkeitsschwerpunkten

- Gesamtverantwortliche Betreuung der Kostenrechnung (technisch, kaufmännisch und organisatorisch)
- Verantwortung für das gesamte Project-Controlling
- Selbständige Analyse aller Unternehmensdaten und Herleitung notwendiger Maßnahmen
- Unterstützung bei der Aufstellung von Zwischen- und Jahresabschlüssen
- Kaufmännische Beratung der produktiven Bereiche
- Weiterentwicklung der Tools/Prozesse, Mitwirkung an Projekten, Bearbeitung von Ad-hoc Anfragen

Das bringen Sie mit

- Wirtschaftswissenschaftliches Hoch- oder Fachhochschulstudium bzw. vergleichbare Ausbildung
- Mind. 3 Jahre Berufserfahrung im Controlling
- Umfangreiche Kenntnisse in der Finanzbuchhaltung
- Sie entscheiden effizient, erkennen sehr schnell das Wesentliche und bringen die Dinge auf den Punkt
- Ausgeprägte analytische, organisatorische und kommunikative Fähigkeiten
- Gute Englischkenntnisse sind von Vorteil

---

[2] Klinkner (2022), Onlinequelle.

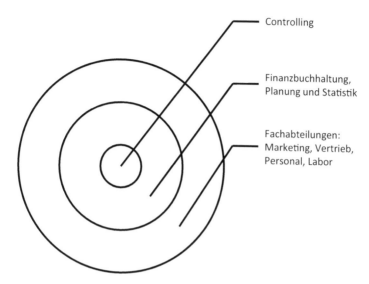

Abb. 2.1 Controlling & Fachabteilungen

Die Beschreibung der Tätigkeitsschwerpunkte zeigt die enge Verbindung des Controllings mit betriebswirtschaftlichen Fragestellungen, die auch in Abb. 2.1 veranschaulicht ist.

Controlling kann letztlich nicht mit den Begriffen Buchhaltung, Kostenrechnung oder gar Kontrolle beschrieben werden, Controlling bezeichnet vielmehr des gesamte

Planungs- und Steuerungsinstrumentarium

des Unternehmens. Das Controlling stellt durch seine Arbeit dem Management eine Entscheidungs- und Führungshilfe in Form einer ergebnisorientierten Planung, Steuerung und Überwachung des Unternehmens zur Verfügung. Es begnügt sich nicht mit den Aufgaben eines personifizierten Taschenrechners, sondern es **berät die Geschäftsleitung,** deckt Schwachstellen auf und unterstützt bei der Unternehmensplanung. Das Controlling setzt Daten in **Handlungsempfehlungen** um, vermittelt zwischen verschiedenen Interessenlagen und managt Projekte. Information, Planung, Kontrolle und Steuerung stehen somit im Mittelpunkt der Überlegungen.[3]

---

[3] Georgopoulos und Georg (2021, S. 2).

All das gilt sowohl für das Controlling auf Gesamtunternehmensebene als auch für das Controlling der einzelnen Fachabteilungen wie dem Labor.

Bereits im 13. Jahrhundert wurde in England der Beruf des „Controllour" genannt, der für den englischen König die eingehenden und ausgehenden Gelder verwaltete.[4] Das unternehmerische Controlling ist mehr als 100 Jahre alt: Im Jahre 1880 wurde erstmals von der amerikanischen Eisenbahngesellschaft „Atchison, Topeka & Santa Fe Railway System" die Stelle eines Controllers besetzt. Es dauerte immerhin bis zum Jahr 1892, als die „General Electric Company" folgte. Den endgültigen Durchbruch erreichte das Controlling dann mit der Weltwirtschaftskrise 1923. Zu dieser Zeit übernahm der Controller meist *finanzwirtschaftliche* und *rechnungswesenbezogene* Aufgaben, wobei der Abgleich von Einnahmen und Ausgaben im Mittelpunkt stand. Nach Ende des zweiten Weltkrieges wurden in den USA dem Controller bereits eine Vielzahl von Aufgaben zugewiesen:

- Aufgaben im Rechnungswesen (Buchhaltung, Kostenrechnung),
- Aufgaben im Bereich Revision (Kontrollfunktionen),
- Aufgaben im Bereich Auswertung (Aufbereitung und Analyse von Zahlen),
- Aufgaben im Bereich Steuerermittlung (Informationen zur Besteuerung),
- Aufgaben im Bereich Koordination (aufgrund der Arbeitsteilung).

Heutzutage spielt die Steuerermittlung keine Rolle mehr. Dafür ist die Bedeutung der Koordinationsaufgaben gewachsen. Doch eine zielführende Koordination ist ohne vorhergehende Planung nicht denkbar.

---

[4] Siehe dazu auch Georg (2021, S. 11 f.) und Weber und Schäffer (2022, S. 1 ff.).

Wesentliches Element der unternehmerischen Planung ist der **Business Plan.** Er hilft dem Management dabei,

- die Unternehmensideen zu durchleuchten,
- Schwerpunkte bei der unternehmerischen Arbeit zu setzen,
- Ziele zu konkretisieren und zu operationalisieren
- sowie ein wirkungsvolles Controlling zu implementieren.

Auch Schwerpunkte hinsichtlich der Laborarbeit bzw. die Konkretisierung und Operationalisierung von Laborzielen werden durch den Business Plan ermöglicht. Im Ergebnis ermöglicht der Business Plan eine langfristige Sichtweise bzgl. des Unternehmens und dessen Umfeld. Er soll die Stärken des Unternehmens betonen, ohne die Schwächen außer Acht zu lassen.

Der Business Plan unterstützt aber nicht nur die Geschäftsleitung des Unternehmens hinsichtlich des Managements, er gibt auch (potenziellen) Fremdkapitalgebern einen Überblick über die

- Ertragskraft,
- Rentabilität,
- Liquidität und
- Position des Unternehmens im Gesamtmarkt.

Grundsätzlich gibt es nicht den **einen** Business Plan. Vielmehr konstruiert jeder Betrieb oder jede betriebliche Organisationseinheit den an die eigenen Bedürfnisse angepassten Geschäftsplan. Dieser kann sich beispielhaft aus folgenden Punkten zusammensetzen:

© Der/die Autor(en), exklusiv lizenziert an Springer Fachmedien Wiesbaden GmbH, ein Teil von Springer Nature 2023
S. Georg, *Laborcontrolling*, essentials,
https://doi.org/10.1007/978-3-658-40226-6_3

Teil 1: Executive Summary
Teil 2: Das Unternehmen und das Management
- Vergangenheit und Ist-Situation
- Ziel- und Zwecksetzung des Unternehmens
- Kurzfristige und langfristige Ziele
- Das Management-Team
- Rechtsform des Unternehmens

Teil 3: Die Produkte und Dienstleistungen
- Beschreibung der wesentlichen Produkte und Dienstleistungen
- Marktreife der Produkte und Dienstleistungen
- Einzigartigkeit und Besonderheiten der Produkte/Dienstleistungen
- Vergleich mit Konkurrenzprodukten
- Schutzrechte und Lizenzen/Produkt- und Prozessinnovationen

Teil 4: Märkte und Konkurrenz
- Beschreibung der Kundschaft
- Bedarf und Vorteile für Kunden
- Marktgröße, -segmente und -entwicklung
- Konkurrenz

Teil 5: Marketing- und Wettbewerbsstrategie
- Positionierung
- Produktpolitik
- Absatzpolitik
- Distributionspolitik
- Standortpolitik
- Umwelteinflüsse
- Marktanteilsschätzung
- Potenzielle Konkurrenz(re)aktionen

Teil 6: Vertrieb
- Momentane und zukünftige Verkaufsmethode
- Verkaufspersonal
- Kundendienst und besondere Serviceleistungen

Teil 7: Leistungserstellung
- Herstellungsprozess
- „Make or buy"-Entscheidungen
- Anlagen und Einrichtungen
- Leistungserstellungskapazität
- Beschaffung von Material und Lieferanten

Teil 8: Unternehmensrechnung
- Absatzprognosen

- Umsatzprognosen
- Gewinn- und Verlustrechnungen
- Bilanzprognosen
- Liquiditätsprognosen
- Break-Even-Analyse
- Sensitivitätsanalyse
Teil 9: Finanzplanung
- Momentane Vermögenssituation
- Kapitalbedarf
- Risiken und Auswege
Teil 10: Unternehmenskontrollen
- Finanzkontrollen
- Verkaufs- und Absatzkontrollen
- Herstellungskontrollen
Teil 11: Analyse der Stärken und Schwächen/Risikomanagement

Musterpläne gibt es in der typischen Existenzgründungsliteratur und bei den Kammern und Berufsverbänden.[1] Und wo findet sich das Labor in einem solchen Plan wieder?

- Je nach Bedeutung des Labors für die betriebliche Tätigkeit kann es bereits im zweiten Abschnitt des Business Plan dargestellt sein, wenn die unternehmerische Zielsetzung dargestellt wird.
- Auch können wesentliche Produkte und Dienstleistungen direkt aus der Laborarbeit resultieren.
- Vielleicht macht aber auch gerade das Labor den Unterschied auf dem Markt zur Konkurrenz aus.
- Zudem kann das Labor für die Marketingstrategie oder für den Vertrieb von Bedeutung sein; auch dies hängt von der Wichtigkeit des Labors für die marktfähige Leistungserbringung des Unternehmens ab.
- Auf jeden Fall hat das Labor eine Wirkung auf die Unternehmensrechnung und -finanzierung, denn jedes Labor muss mit Kapital finanziert sein, und
- jedes Labor verursacht regelmäßig Kosten.

---

[1] Weitere Informationen finden Sie auch bei Georg, S.: Fragen und Antworten zur Existenzgründung.

Sie sehen, es gibt viele Bereiche des Business Plans, auf die das Labor einen Einfluss hat. Die Existenz eines Labors beeinflusst somit die gesamte Unternehmensplanung unmittelbar und trägt damit zur Wirtschaftlichkeit des Unternehmens bei. Und um genau diese im Blick zu halten, benötigt der Betrieb Informationen aus dem Rechnungswesen.

Das Labor als Teil des Rechnungswesens und der Finanzbuchhaltung

4

4.1 Grundlagen des Rechnungswesens

Wir haben bereits erfahren, dass Unternehmen Geld verdienen müssen und dass das Labor seinen Beitrag dazu leisten muss. Doch wie kann ein Unternehmen überhaupt nachvollziehen, ob es Geld verdient? Um diese Frage zu beantworten, benötigen wir das **betriebliche Rechnungswesen** und innerhalb dessen insbesondere die Finanzbuchhaltung.

Gemäß des Erlasses des Reichswirtschaftsministeriums von 1937 in den Richtlinien zur Organisation der Buchhaltung gilt:

„Das Rechnungswesen ist die ziffernmäßige Erfassung der betrieblichen Vorgänge."

Eine modernere Definition kommt von Wöhe:[1]

„Unter dem Begriff betriebliches Rechnungswesen faßt man sämtliche Verfahren zusammen, deren Aufgabe es ist, alle im Betrieb auftretenden Geld- und Leistungsströme, die vor allem – aber nicht ausschließlich – durch den Prozeß der betrieblichen Leistungserstellung und –verwertung (betrieblicher Umsatzprozeß) hervorgerufen werden, mengen- und wertmäßig zu erfassen und zu überwachen."

Unter https://www.wiin-kostenmanagement.de/grundlagen-kostenrechnung/ finden Sie weitere Erklärungen zum betrieblichen Rechnungswesen, das sich in zahlreiche Teilgebiete gliedert, wie Abb. 4.1 zeigt:

Die Arbeit im Labor wirkt auf (fast) alle genannten Teilrechnungen auf direktem oder indirektem Weg. Beispielhaft sei die Anschaffung von Laborgerätschaften genannt. Die mit der Anschaffung verbundenen Geld- und Finanzströme werden in der kaufmännischen Buchhaltung erfasst, beeinflussen das Anlagevermögen innerhalb der Bilanz und über die Abschreibungen auch den

---

[1] Wöhe (2020, S. 853).

S. Georg, *Laborcontrolling*, essentials, https://doi.org/10.1007/978-3-658-40226-6_4

Betriebliches Rechnungswesen

Externes Rechnungswesen		Internes Rechnungswesen	
Regelmäßige Erfassung	Fallweise Erfassung	Regelmäßige Erfassung	Fallweise Erfassung
• Kaufmännische Buchhaltung	• Kreditstatus	• Betriebsbuch-haltung	• Investitionsrechnung
• Jahres-abschluss (Bilanz, GuV, Anhang)	• Betriebs-vermögens-ermittlung	• Finanzrechnung (Planung und Kontrolle)	• Jahresabschluss-analyse
• Konzern-abschluss	• Sonder-bilanzen bei Fusionen oder Sanierungen	• Kostenrechnung (Ist-Kosten und Plan-Kosten)	• Wirtschaftlichkeits-rechnung
• Steuerbilanz			• Kalkulation von Aufträgen
• Lagebericht			

Abb. 4.1 Teilbereiche des Rechnungswesens

Gewinnausweis im Rahmen der GuV (Gewinn- und Verlustrechnung). Sie erhöhen das Betriebsvermögen, werden kostenrechnerisch erfasst und stellen eine Investition dar. Darüber hinaus beeinflusst die Anschaffung des Laborgerätes die Wirtschaftlichkeit eines Unternehmen, ist bei der Kalkulation von Aufträgen zu berücksichtigen und wirkt auf die Kennzahlen im Rahmen des Jahresabschlussanalyse ein.

Um den vielfältigen Aufgaben des Rechnungswesens begegnen zu können, sind unterschiedliche Rechengrößen zu verwenden, die in der nachstehenden Abb. 4.2 zusammengefasst sind.

Rechengrößen (Maßgrößen) des betrieblichen Rechnungswesens

Einzahlung	Einnahme	Ertrag	Leistung (Betriebsertrag)
Auszahlung	Ausgabe	Aufwand	Kosten

Abb. 4.2 Rechengrößen des betrieblichen Rechnungswesens

Die bereits genannte Anschaffung von Laborgerät stellt eine Ausgabe dar. Sobald die Rechnung für das Laborgerät bezahlt wird, entsteht zudem eine Auszahlung. Der Aufwand misst dagegen den Werteverzehr des Laborgeräts im Rahmen der Nutzungsdauer. Das bedeutet, der Kauf selbst stellt zunächst ein Tauschgeschäft „Geld gegen Ware" dar, er macht den Betrieb aber zunächst weder reicher noch ärmer. Erst die Nutzung und die Alterung des technischen Gerätes führt zu einem Werteverzehr, der als Aufwand zu erfassen ist. Meist steht diese Nutzung im Zusammenhang mit der betrieblichen Leistungserstellung – das ist der Regelfall – sodass der Werteverzehr als betriebsbedingt anzusehen ist. Das ist die Voraussetzung dafür, dass man von **Kosten** spricht. Der Kostenbegriff des Rechnungswesens unterscheidet sich also vom Kostenbegriff der allgemeinen deutschen Sprache, wo wir Kosten oft mit Auszahlungen gleichsetzen: Die Frage danach, was eine neue Jacke gekostet habe, meint eigentlich, was man für die Jacke bezahlt hat. In der allgemeinen Sprache verwenden wir also den Begriff der Kosten, wenn wir eigentlich von Auszahlungen sprechen. Im Rechnungswesen machen wir da eine deutliche Unterscheidung.

Sie können sich sicherlich vorstellen, dass die Arbeit im Labor und in anderen Fachabteilungen eines Unternehmens zahlreiche Geschäftsvorfälle hervorruft, die nun alle im Rechnungswesen verarbeitet werden müssen. Um hier nicht die Überblick zu verlieren und eine korrekte Abrechnung zu gewährleisten, sind Grundsätze zur ordnungsmäßigen **Buchführung** und **Bilanzierung** einzuhalten, wie sie in Abb. 4.3 nachzulesen sind:

Grundsätze ordnungsmäßiger Buchführung (GoB)			Grundsätze ordnungsmäßiger Inventur	Grundsätze ordnungsmäßiger Bilanzierung			
Formelle GoB: Klarheit Übersichtlichkeit	Grundelemente: Belege, Konten, Buchung, Kontenrahmen	Materielle GoB: Vollständigkeit Richtigkeit		Bilanzklarheit	Bilanzwahrheit	Bilanzkontinuität	Maßgeblichkeitsprinzip

Abb. 4.3 Grundsätze ordnungsmäßiger Buchführung und Bilanzierung

Aktiva	Passiva
A. Anlagevermögen	A. Eigenkapital
I. Immaterielle	I. Gezeichnetes Kapital
Vermögens-	II. Kapitalrücklagen
gegenstände	III. Gewinnrücklagen
II. Sachanlagen	IV. Gewinnvortrag/Verlustvortrag
III. Finanzanlagen	V. Jahresüberschuss/
	Jahresfehlbetrag
B. Umlaufvermögen	
1 Vorräte	B. Rückstellungen
2 Forderungen und	
sonstige	C. Verbindlichkeiten
Vermögensgegenstände	
3 Wertpapiere	D. Rechnungsabgrenzungsposten
4 Kassenbestand,	
Bundesbankguthaben,	
Guthaben bei	
Kreditinstituten und	
Schecks	
C. Rechnungsabgrenzungsposten	

Abb. 4.4   Aufbau der Bilanz

Doch wie wird nun ganz konkret der Erfolg eines Unternehmens gemessen? Betrachten wir dazu das Gliederungsschema einer **Bilanz** für kleine Kapitalgesellschaften[2], wie es in Abb. 4.4 dargestellt ist. Dabei sei angemerkt, dass sich die Bilanz immer auf einen konkreten Stichtag bezieht, z. B. auf den 31.12. als Schlussbilanz eines Kalender- und Wirtschaftsjahres.[3]

---

[2] Zu den Kapitalgesellschaften zählen bspw. die Gesellschaft mit beschränkter Haftung (GmbH) oder die Aktiengesellschaft (AG).

[3] Umfassende Informationen zum Aufbau der Bilanz finden Sie bspw. bei Pooten und Langenbeck (2016) und Heesen (2020, S. 13–20).

Wahrscheinlich sagen Ihnen die einzelnen Positionen der Bilanz einmal nichts. Zunächst einmal sehen Sie eine Unterteilung in **Aktiva** und **Passiva.** Dabei beschreiben die Aktiva die **Vermögenswerte** eines Unternehmens; die Passiva geben dagegen an, wie die Vermögenswerte aus den Aktiva finanziert wurden. Somit ist die Bilanz immer ausgeglichen.

Die Rechnungsabgrenzungsposten können Sie ignorieren; es handelt sich hier nur um eine Ausgleichsrechnung, die notwendig ist, weil vielleicht vor dem Bilanzstichtag bereits eine Rechnung bezahlt wurde, wobei die Leistungserbringung als Grundlage der Rechnung zumindest teilweise erst nach dem Bilanzstichtag erbracht wird. Wie aber wirkt sich das Labor auf die einzelnen Bilanzpositionen aus?

Vielleicht benötigen Sie für Ihre Arbeit im Labor bestimmte Patente, die das Unternehmen beschaffen musste. Solche Patente finden sich im **immateriellen Anlagevermögen** wieder. Das Labor selbst befindet sich ja in einem Gebäude. Ist das Unternehmen Eigentümer des Gebäudes, wird dieses im **Sachanlagevermögen** dargestellt. Zum Sachanlagevermögen zählen aber auch Maschinen, (höherwertiges) technisches Gerät, betriebliche Fahrzeuge, (höherwertige) Büro- und Geschäftsausstattung und damit auch viele Einrichtungsgegenstände ihres Labors, wenn das Unternehmen Eigentümer dieser Vermögenswerte ist. Generell lässt sich sagen, dass das Anlagevermögen solche Vermögenswerte umfasst, die mehrjährig nutzbar sind. Im Unterschied dazu steht das **Umlaufvermögen,** das für den eher kurzfristigen Gebrauch oder Verbrauch gedacht ist. Dazu zählen auch die Vorratsbestände an Roh-, Hilfs- und Betriebsstoffen, wie sie auch im Labor zum Einsatz kommen. Kann das Labor eigene Rechnungen stellen, dann trägt es auch zum Aufbau von Forderungsbeständen bei, denn Forderungen beschreiben das Recht auf einen zukünftigen Zahlungseingang.

All diese Vermögenswerte des Labors müssen letztlich aber auch finanziert werden. Als ideal wird es angesehen, wenn ein meist größerer Teil der Vermögenspositionen mit **Eigenkapital** finanziert ist. Eigenkapital gehört dem Unternehmen, d. h. der Betrieb kann frei über dessen Verwendung verfügen. Anders sieht es mit **Fremdkapital** aus, das sich in Rückstellungen und Verbindlichkeiten gliedert. Denn dieses Fremdkapital hat sich das Unternehmen geliehen, und deshalb ist es oft an eine konkrete Verwendungsmöglichkeit gebunden und/oder es muss wieder zurückgezahlt werden. Mehr müssen Sie eigentlich nicht wissen, Sie wollen ja kein Bilanzbuchhalter werden. Wichtig ist vielmehr, dass Sie erkennen, dass das Labor und die Arbeit darin unmittelbar das Aussehen der Bilanz beeinflussen.

Übrigens, wenn es einem Unternehmen gelingt, einen Gewinn zu erwirtschaften, dann erhöht dieser Gewinn über den **Jahresüberschuss** das Eigenkapital. Hat

Abb. 4.5 Klassen der Finanzkennzahlen

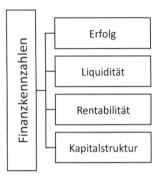

ein Unternehmen mehr Eigenkapital, dann kann es dieses nach eigenen Vorstellungen verwenden, bspw. um neue Investitionen zu finanzieren, aber auch um den Kapitalgebern einen Ausschüttung zu gewähren. Und diese Gewinnausschüttung ist das, worauf es den Eigenkapitalgebern ankommt. Sie beschreibt die beabsichtigte Verzinsung des eingesetzten Kapitals. Doch wann ist diese Verzinsung bzw. die Gewinnerzielung ausreichend hoch? Bei der Beantwortung dieser Frage können erste **Kennzahlen** helfen.[4]

4.2   Kennzahlen des Funktionsbereichs Finanzen

Der Funktionsbereich Finanzen liefert die größte Vielfalt an Kennzahlen. Nachfolgend finden Sie davon eine kleine Auswahl von Kennzahlen, die auch für Unternehmen mit Laboren geeignet sind. **Finanzkennzahlen** lassen sich – wie im Abb. 4.5 zusammengefasst – in Erfolgs-, Liquiditäts- und Rentabilitätskennzahlen und Kennzahlen zur Kapital- und Vermögensstruktur gliedern.

Eine ganze Reihe dieser Kennzahlen lassen sich direkt aus der Finanzbuchhaltung ableiten:

Typische **Erfolgskennzahlen** sind:[5]

- Gewinn vor Steuern (Earnings Before Taxes EBT)

---

[4] Kennzahlen haben für die Unternehmenssteuerung eine so große Bedeutung, dass ihnen später noch ein eigenes Kapitel gewidmet wird.

[5] Eine detaillierte Übersicht zu den Erfolgskennzahlen finden Sie bei Behringer (2021, S. 48 ff.).

- Gewinn nach Steuern
- Umsatz pro Monat/pro Quartal/pro Jahr
- (Um Sondereffekte bereinigter) Jahresüberschuss
- Cash-Flow (und daraus abgeleitete Größen)
- EBIT (Earnings Before Interest & Taxes)
- EBITDA (Earnings Before Interest, Taxes, Depreciation & Amortization)

Der **Umsatz** und der **Gewinn vor Steuern** bilden meist die Grundlage der Wirtschaftlichkeitsprüfung. Die Laborleistung trägt zur Umsatzerzielung bei. Lassen sich Laborleistungen teurer verkaufen, als Kosten mit der Leistungserbringung verbunden sind, steigern sie den Jahresüberschuss bzw. den Gewinn, unabhängig davon, ob er vor oder nach Steuern betrachtet wird, um Sondereffekte bereinigt ist oder vor Abzug von Zinsen und Abschreibungen betrachtet wird.

Doch Unternehmen müssen auch immer **zahlungsfähig** bleiben. Das schreibt der Gesetzgeber vor. Deshalb sind vor allem auch Geschäftsvorfälle interessant, die zu Einzahlungen und Auszahlungen führen. Häufig kann dann bspw. der **Cashflow** herangezogen werden.

4.3 Liquiditätskennzahlen

Der Cashflow lässt sich einerseits als Differenz aus einnahmewirksamen Erträgen und ausgabewirksamen Aufwendungen bestimmen, andererseits auch indirekt aus dem Bilanzgewinn. Er ermöglicht Aussagen über die **Innenfinanzierungskraft** des Unternehmens zur Tilgung von Schulden oder zur Finanzierung von Investitionen und damit auch über die Gewährleistung der Liquidität. Im Unterschied zum Gewinn basiert er nicht auf Aufwendungen und Erträgen (bzw. Kosten und Betriebserträgen), sondern auf Einzahlungen und Auszahlungen bzw. Einnahmen und Ausgaben.

Weitere typische **Liquiditätskennzahlen** lauten:[6]

- Quick Ratio (Liquidität 1. Grades)
- Acid Test Ratio (Liquidität 2. Grades)
- Current Ratio (Liquidität 3. Grades)
- Einzahlungsüberschuss
- Anlagendeckung
- Working Capital

---

[6] Georg (2021, S. 103 f.).

Die Liquidität 1. Grades bestimmt das Verhältnis aus den Zahlungsmittelbeständen (Kasse, Bank, Schecks und Wertpapiere des Umlaufvermögens laut Bilanz) zu kurzfristigen Verbindlichkeiten. Da sich die Bilanzpositionen auf einen Stichtag beziehen, die kurzfristigen Verbindlichkeiten aber auf einen Zeitraum (von meist 12 Wochen), darf dieser Liquiditätsgrad deutlich kleiner als 100 % sein. Meist genügen 30 % bis 40 %, denn im folgenden kurzfristigen Zeitraum sind in der Regel weitere Einzahlungen zu erwarten, die sich zum Ausgleich der Verbindlichkeiten nutzen lassen. Alle Aktivitäten des Labors, die zu Auszahlungen führen, belasten also die **Liquidität** und damit auch den Liquiditätsgrad. Deshalb muss das Labor auch sparsam handeln und unnötige Auszahlungen vermeiden. Andererseits führen die Laborleistungen direkt oder indirekt zu einer Verbesserung der Liquidität, wenn die mit den Labortätigkeiten verbundenen Leistungen am Markt gegen Geld verkauft werden können.

4.4 Rentabilitätskennzahlen

Typische **Rentabilitätskennzahlen** lauten:[7]

- Gesamtkapitalrentabilität
- Eigenkapitalrentabilität
- Umsatzrentabilität
- Return on Investment (ROI)

Bei der **Eigenkapitalrentabilität** wird der Gewinn bzw. der Jahresüberschuss (meist vor Zinsen) in das Verhältnis zum eingesetzten Eigenkapital gesetzt. Beachten Sie dabei, dass sich der Gewinn oder der Jahresüberschuss auf einen Zeitraum beziehen, das Eigenkapital dagegen zu einem bestimmten Stichtag gemessen wird. Je nach Wahl des genutzten Stichtages kann sich die Aussage der Kennzahl verändern. Wird bspw. das Eigenkapital vom Jahresanfang genutzt, kann die Kennzahl angeben, wie sich das so eingesetzte Kapital im jeweiligen Zeitraum, der der Zählergröße zugrundeliegt, verzinst hat. Jede gewinnsteigernde Tätigkeit des Labors erhöht die Eigenkapitalverzinsung; andererseits belasten aber auch alle Aktivitäten des Labors die Eigenkapitalrentabilität, die sich gewinnmindernd auswirken und/oder einen höheren Kapitaleinsatz erforderlich machen.

---

[7] Georg (2021, S. 100 f.).

4.5 Kennzahlen zur Messung der Kapital- und Vermögensstruktur

Typische **Kennzahlen zur Beurteilung der Kapitalstruktur** oder der Vermögensstruktur sind beispielsweise:[8]

* Eigenkapitalquote
* Fremdkapitalquote
* Vermögensstruktur
* Verschuldungsgrad
* Anlagendeckungsgrad
* Anlagenintensität

Die **Eigenkapitalquote** misst das Verhältnis aus eingesetztem Eigenkapital zum Gesamtkapital. Je höher sie ist, umso kreditwürdiger ist das Unternehmen, umso unabhängiger ist es von Fremdkapitalgebern und umso freier ist es hinsichtlich der Verwendung des zur Verfügung stehenden Kapitals. Führt eine Laborentscheidung zu einem erhöhten Fremdkapitalbedarf, reduziert diese die Eigenkapitalquote. Andererseits stärkt jede gewinnbringende Labortätigkeit über den erzielten Jahresabschluss die Eigenkapitalquote, da der erzielte Jahresüberschuss die Höhe der Eigenkapitals steigert.

Nach einer Untersuchung von Statista differieren die beobachtbaren Kennzahlenwerte in Abhängigkeit der Branche sehr stark.[9] Für das Jahr 2018 lassen sich im deutschen Mittelstand folgende Eigenkapitalquoten beobachten:

* Verarbeitendes Gewerbe (F&E-intensiv):   32,2 %
* Verarbeitendes Gewerbe: 41,1 % (sonstiges)
* Baugewerbe: 25,0 %
* Wissensintensive Dienstleistung: 28,8 %
* Sonstige Dienstleistungen: 33,9 %

Aufgrund der Vielzahl möglicher Finanzkennzahlen sei Ihnen an dieser Stelle der Blick in weiterführende Literatur empfohlen, „bspw. in das Buch Basiswissen Bilanzanalyse von Bernd Heesen."

---

[8] Georg (2021, S. 104 f.).
[9] Siehe dazu Statista (2022), Onlinequelle.

4.6   Zusammenhang von Labor und Finanzbuchhaltung

Die vorangehenden Ausführungen haben Ihnen gezeigt, dass jede Labortätigkeit letztlich die Ergebnisse der Finanzbuchhaltung beeinflusst. Gelingt es dem Labor, die Fachtätigkeiten effizient auszuführen, wirkt sich das positiv auf den Unternehmenserfolg aus, da **effiziente Leistungenserbringungen** Auszahlungen und/oder Kosten reduzieren, Einzahlungen und/oder Betriebserträge steigern und so die Gewinnerzielung und die Zahlungsfähigkeit absichern. Sie sehen mit dieser Gegenüberstellung aber auch, dass es nichts bringt, das Labor „tot-zu-sparen", denn Einzahlungen lassen sich nur erwirtschaften, wenn zuvor Auszahlungen getätigt wurden, und Betriebserträge sind auch an die Entstehung von Kosten gebunden. Entscheidend ist das angemessene Verhältnis aus Einzahlungen und Auszahlungen bzw. Betriebserträgen und Kosten. Gerade Letztere sind für die Bestimmung des Jahresüberschusses bzw. Gewinns verantwortlich. Und das bringt uns auch schon zur nächsten Frage: Wie lassen sich die für den wirtschaftlichen Erfolg so bedeutsamen Kosten eigentlich berechnen?

Laborkostenrechnung 5

5.1 Das Labor als Kostenverursacher

Zum Einstieg in die Thematik der **Kostenrechnung** sollten Sie sich einmal ein paar Gedanken zu den beiden folgenden Sachverhalte machen:

1. Ein landwirtschaftlicher Betrieb entnimmt aus einem nahegelegenen Bach – unbemerkt von anderen und damit ohne etwas dafür zu zahlen – Wasser zum Gießen seiner Pflanzen im Anbau. Resultieren aus dem Wasserverbrauch (Material-)Kosten?
2. In der Zeitung ist zu lesen, eine Stadt erstelle ein neues Schwimmbad mit einem Kostenaufwand von 8 Mio. €. Wie muss dies betriebswirtschaftlich richtig heißen?

Leiten Sie aus beiden Fragestellungen eine Definition des Begriffs Kosten ab.

Haben Sie eine Idee? Richtig, im ersten Fall entstehen Materialkosten, denn die Definition von Kosten ist erfüllt: es liegt ein **betriebsbedingter Werteverzehr** vor. Tatsächlich lässt sich streiten, wie groß der Werteverzehr ist, denn welchen Wert hat illegal erworbenes Wasser? Im zweiten Fall spricht man dagegen am besten von Ausgaben oder Investitionen. Das Wort Kostenaufwand gibt es nicht. Und Kosten entstehen erst im Nutzungszeitraum, wenn der Wertverlust aufgrund von Alterung und Nutzung erfasst wird.

Im Labor entstehen die **Kosten** also auch immer dann, wenn wir einen betriebsbedingten Werteverzehr beobachten können. Das ist der Fall, wenn Materialien verbraucht werden, wenn Personal eingesetzt oder technisches Gerät genutzt wird. Aber auch der Energieverbrauch im Labor, die Nutzung von Patenten und Schutzrechten oder die Miete für die Laborräume verursachen Kosten.

© Der/die Autor(en), exklusiv lizenziert an Springer Fachmedien Wiesbaden GmbH, ein Teil von Springer Nature 2023
S. Georg, *Laborcontrolling*, essentials,
https://doi.org/10.1007/978-3-658-40226-6_5

Das kann schnell sehr unübersichtlich werden. Aber das Labor ist nicht der erste oder einzige Funktionsbereich, der bei der Erstellung von Leistungen Kosten verursacht.

5.2   Grundprinzipien der Kostenverrechnung

Die Kosten- und Leistungsrechnung weist einen dreistufigen Aufbau in die Kostenarten-, die Kostenstellen- und die Kostenträgerrechnung auf, wie in Abb. 5.1 dargestellt ist:

- Die **Kostenartenrechnung** dient der Erfassung und Einordnung aller Kosten, die in einer bestimmten Abrechnungsperiode (z. B. in einer Woche, einem Monat, einem Jahr) angefallen sind.
- Mit der **Kostenstellenrechnung** wird die Frage beantwortet, „wo" im Unternehmen die jeweiligen Kosten angefallen sind.
- Innerhalb der **Kostenträgerrechnung** wird geklärt, wofür die Kosten angefallen sind.

Im Abschnitt zuvor haben wir uns bereits Gedanken zu einzelnen Kostenarten gemacht. Aber wozu benötigt man die Kostenstellen- und die Kostenträgerrechnung? **Kostenträger** sind in der Regel die betrieblichen Leistungen, die für den Absatzmarkt erbracht werden. Diese Leistungen müssen mit einem Preis versehen werden, der oftmals auf Basis der Kosten gebildet wird. Dabei muss ein Kostenträger – also eine marktfähige betriebliche Leistung – schon einmal die Kosten tragen, die er auch verursacht. Allerdings gibt es im Unternehmen auch noch eine Vielzahl von Kosten, die nicht ein bestimmter Kostenträger verursacht.

Abb. 5.1 Elemente der Kostenrechnung

Abb. 5.2
Verrechnungsprinzipien der
Kostenrechnung

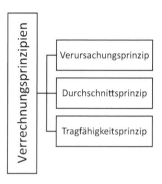

Deshalb erfolgt die Verrechnung der Kosten innerhalb der Kostenrechnung nach dem

• Verursachungs-,
• Durchschnitts- oder
• Tragfähigkeitsprinzip.

Die einzelnen Prinzipien sind Ihnen ausführlich auf der Webseite https://www. wiin-kostenmanagement.de/verrechnungsprinzip-der-kostenrechnung/ erklärt und in Abb. 5.2 noch einmal zusammengefasst:
Generell ist das **Verursachungsprinzip** das **dominierende Grundprinzip.** Es besagt, dass den einzelnen *Kostenträgern* (In der Regel sind das die Produkte und Dienstleistungen eines Unternehmens.) nur jene Kosten zugeordnet werden dürfen, die dieser Kostenträger (dieses Bezugsobjekt, also das Produkt oder die Dienstleistung) auch verursacht hat. Betrachten wir eine einzelne Laboranalyse als Kostenträger, dann muss sie also schon einmal alle Kosten tragen, die nur wegen dieser Analyse anfallen. Insbesondere sind also jene Kosten zurechenbar, die bei der Erstellung einer zusätzlichen Kostenträgereinheit zusätzlich anfallen. Das ist aber meist nur ein ganz kleiner Teil der Gesamtkosten – im Labor sind es oft nur die **Materialkosten.** Ein Großteil der Gesamtkosten kann nicht verursachungsgerecht einem konkreten Kostenträger zugewiesen werden, sondern muss auf eine Vielzahl von Kostenträger geschlüsselt werden, bspw. unter Anwendung des Durchschnittsprinzips.

Bei Anwendung des **Durchschnittsprinzips** werden die Kosten anteilig einer **Schlüsselgröße** auf die Kostenträger verrechnet. Dient beispielsweise die Anzahl der Mitarbeiter als Schlüsselgröße zur Verteilung von Verwaltungskosten in Höhe von 100.000 €, besteht ein Unternehmen aus 2 Abteilungen mit 3 bzw. 7 Mitarbeitern, dann werden in diesem Fall 30.000 € Verwaltungskosten der Abteilung mit 3 Mitarbeitern und 70.000 € der Abteilung mit 7 Mitarbeitern zugeordnet. Generell werden Personalkosten oft mittels Stundensätzen verrechnet. Nehmen wir einmal einen Stundenzahl von 60 € an, was einem Kostensatz von einem Euro pro Minute entspricht. Und unterstellen wir einmal, eine bestimmte Laboranalyse würde 10 min in Anspruch nehmen. Dann sollten wir dieser Analyse demnach auch 10 € Personalkosten zuordnen. Manche behaupten, das sei verursachungsgerecht, doch diese Auffassung teilt der Autor nicht. Denn ob diese eine bestimmte Laboranalyse durchgeführt wird oder nicht, hat keinen Einfluss auf die Beschäftigung des Mitarbeiters im Unternehmen und dessen Vergütung. Wie kann die Analyse dann die Kosten verursachen? Es handelt sich hier also nicht um die Anwendung des Verursachungs-, sondern des **Durchschnittsprinzips**.

Das Durchschnittsprinzip ist also eine erste Alternative der Kostenverrechnung, wenn das Verursachungsprinzip nicht anwendbar ist. Es zeichnet sich insbesondere durch die Einfachheit der Berechnung aus. Eine zweite Alternative bildet das **Tragfähigkeitsprinzip**. Es verwendet als Schlüsselgrößen oftmals den **Marktpreis** bzw. den **Deckungsbeitrag**[1] des Kostenträgers.

Hat ein Produkt einen Marktpreis von 10 € pro Stück, ein zweites einen Marktpreis von 20 € pro Stück, so werden bei Anwendung des Marktpreises als Schlüsselgröße nach dem Tragfähigkeitsprinzip dem zweiten Produkt doppelt so hohe Kosten zugeordnet wie dem ersten. Dieses Verrechnungsprinzip eignet sich also vor allem für Laborleistungen, deren Preis (extern) vorgegeben ist, wie es bei regulierten Märkten häufig der Fall ist.

Das Tragfähigkeitsprinzip folgt dem Gedanken, dass es Produkte und Leistungen gibt, die nicht in der Lage sind, die „wahren" Kosten zu tragen, weil der am Markt erzielbare Erlös für diese Produkte oder Leistungen ein bestimmtes Niveau nicht überschreiten kann oder soll. Gerade dann gilt es genau zu prüfen, ob solche Produkte oder Leistungen tatsächlich für das Unternehmen notwendig sind.

---

[1] Hinweise zur Deckungsbeitragsrechnung finden Sie in einem späteren Kapitel in diesem Buch.

5.3 Einteilung der Kosten in Einzel- und Gemeinkosten

Einzelkosten lassen sich *unmittelbar* dem Bezugsobjekt zuordnen. Sie erfüllen damit das *Verursachungsprinzip*. Als Sondereinzelkosten werden dabei häufig die Kosten bezeichnet, die aggregierten Bezugsgrößen direkt zugeordnet werden können (Bsp. für Sondereinzelkosten des Vertriebs: Personalkosten für Außendienstmitarbeiter). **Laboreinzelkosten** entstehen also immer dann, wenn Kosten unmittelbar vom Labor verursacht werden. Das gilt zum Beispiel für die Personalkosten, welche durch die Labormitarbeiter entstehen.

Gemeinkosten sind dagegen nicht unmittelbar auf die Bezugsobjekte zurechenbar, da der direkte Zusammenhang von Bezugsobjekt und Kostenart fehlt, d. h. das Verursachungsprinzip wird nicht oder nur unzureichend erfüllt. Gemeinkosten müssen über Schlüsselgrößen auf die alternativen Bezugsobjekte verteilt werden. (Bsp.: Kosten der Unternehmensleitung, Kosten der Personalverwaltung). So bezahlt ein Unternehmen in der Regel keine Miete nur für das Labor, sondern für das gesamte Gebäude, in dem sich auch das Labor befindet. Dann muss die Gebäudemiete mittels Schlüsselgrößen verrechnet werden, sodass hier **Laborgemeinkosten** entstehen. Auf die Höhe solcher Gemeinkosten hat der Kostenträger (hier das Labor) oft keinen unmittelbaren Einfluss.

Von *unechten Gemeinkosten* spricht man übrigens, wenn Einzelkosten nicht also solche erfasst, sondern aufgrund ihrer untergeordneten Bedeutung wie Gemeinkosten behandelt werden (z. B. Büromaterialkosten).

5.4 Einteilung der Kosten in variable und fixe Kosten

Die Einteilung der Kosten nach dem Verhalten bei Beschäftigungsschwankungen führt zu

- variable Kosten und
- fixen kosten (Fixkosten).

Variable Kosten variieren in ihrer Höhe mit der Beschäftigung. Als **Beschäftigung** wird im Rechnungswesen die Leistungsmenge bzw. Ausbringungsmenge bezeichnet. So sind in aller Regel die Rohstoffkosten variabel, d. h. eine wachsende Ausbringungsmenge bedingt wachsende Rohstoffmengen und damit steigende Rohstoffkosten. Je mehr Laboranalysen Sie durchführen, umso mehr Chemikalien, Lösungsmittel etc. verbrauchen Sie. Die Zahl der Laboranalysen sind die Beschäftigung des Labors. Wichtig: Es spielt keine Rolle, ob die exakte

Höhe der Kosten im Vorfeld bekannt ist oder ob sie aufgrund von schwan-
kenden Verbrauchswerten (z. B. Gasverbrauch zum Heizen der Büroräume)
variiert. Entscheidend ist lediglich, dass sich die Kosten verändern, wenn sich
die Leistungsmenge verändert.

Fixkosten fallen dagegen **unabhängig von der Beschäftigung** (der Leistungsmenge) in gleicher Höhe an. Als Beispiel sind die Mietkosten für betrieblich
genutzte Gebäude zu nennen, die auch dann anfallen, wenn die Produktion still
steht. Die Miete ändert sich auch nicht, wenn 10 Produkteinheiten mehr oder
weniger erzeugt werden, d. h. die Miete ist unabhängig von der Ausbringungsmenge. Auch im Labor fallen viele Fixkosten an. So ändert sich das Gehalt
der Labormitarbeiter nicht, wenn Sie eine Laboranalyse mehr oder weniger rea-
lisieren. Und natürlich verändert sich die Labormiete nicht mit der Zahl der
Laboranalysen. Wenn Sie Ihr Labor genauer betrachten, werden Sie schnell fest-
stellen, dass viele Kostenarten unabhängig von der Beschäftigung und damit fix
sind.

Laborabrechnung 6

6.1 Bildung von Kostenstellen

Häufig bildet das Labor im Unternehmen eine sogenannte **Kostenstelle.** In Kostenstellen werden alle Gemeinkosten gesammelt, also all jene Kosten, die sich **nicht verursachungsgerecht** auf die marktfähigen betrieblichen Leistungen verrechnen lassen. Damit beantworten Kostenstellen die Frage, wo im Unternehmen die (Gemein-)Kosten entstanden sind.

Um die Übersicht zu wahren, wird ein sogenannter **Kostenstellenplan** erstellt, wie er verkürzt in Abb. 6.1 dargestellt ist. Ob das Labor dabei einen eigenen Kostenstellenbereich bildet oder ob es einem anderen Bereich zugeordnet wird, hängt vor allem davon ab, welche Fachfunktion das Labor übernimmt. Führt das Labor Analysen zugehender Rohstoffe durch, dann ist es eher dem Materialbereich zuzuordnen. Beschäftigt sich das Labor dagegen mit Tätigkeiten, die unmittelbar mit der Produktion betrieblicher Leistungen verbunden sind, dass ist das Labor dem Fertigungsbereich zuzuordnen. Es kann aber auch sein, dass im Labor Leistungen erbracht werden, die innerbetrieblich von verschiedenen anderen Betriebsbereichen genutzt werden. Dann spricht vieles für einen eigenständigen Kostenstellenbereich.

6.2 Abrechnung der Laborkostenstelle

Die Abrechnung der Laborkostenstelle erfolgt wie die Abrechnung anderer Kostenstellen über den sogenannten **Betriebsabrechnungsbogen.** Dabei handelt es sich um eine Tabelle, in der für jede Kostenstelle eine eigene Spalte zu bilden

© Der/die Autor(en), exklusiv lizenziert an Springer Fachmedien Wiesbaden   29
GmbH, ein Teil von Springer Nature 2023
S. Georg, *Laborcontrolling*, essentials,
https://doi.org/10.1007/978-3-658-40226-6_6

Kostenstellenplan		
Kostenstellenbereich	Kostenstellengruppe	Kostenstellen
1 Allgemeiner Bereich	11 Soziale Einrichtungen	111 Kantine
		112 Sportanlagen
2 Materialbereich	21 Einkauf	211 Bestellwesen
		212 Warenannahme
	22 Lager	221 Lagerverwaltung
		222 Lagertransport
3 Fertigung	31 Arbeitsvorbereitung	311 Fertigungsplanung
		312 Fertigungssteuerung
	32 Bearbeitung	321 Dreherei
		322 Stanzerei
		323 Fräserei
4 Labor	41 Laborarbeit	411 Analysen
		412 Synthesen
	42 Laborleitung	

Abb. 6.1 Kostenstellenplan

ist. Die Spaltenanordnung erfolgt jedoch nicht beliebig, denn Kostenstellen lassen sich in Hilfs- und Hauptkostenstellen unterscheiden. Manche sagen auch Vor- und Endkostenstellen dazu.

Von einer **Vor- oder Hilfskostenstelle** wird gesprochen, wenn der Betriebsbereich eine Leistung erbringt, die innerbetrieblich genutzt wird und nicht direkt mit den marktfähigen Produkten in Verbindung gebracht werden kann. Diese Kostenstellen füllen die ersten Spalten des Betriebsabrechnungsbogens. Dagegen erbringen **End- bzw. Hauptkostenstellen** Leistungen, die eng mit den marktfähigen Produkten in Verbindung stehen. Das gilt vor allem für Material-, Fertigungs- und Vertriebkostenstellen. Da die Verwaltungskostenstellen oft zusammen mit den Vertriebskostenstellen im Rahmen der Produktkalkulation verrechnet werden, bilden auch sie in der Regel Hauptkostenstellen. Die Klassifizierung der Kostenstellen ist in Abb. 6.2 zusammengestellt:

Das Labor kann also zur Bildung einer Hilfskostenstelle führen, wenn die Laborleistung innerbetrieblich genutzt wird. Dagegen bildet das Labor eine

Abb. 6.2 Klassifizierung
von Kostenstellen

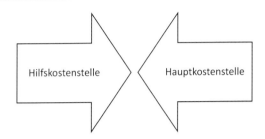

Hilfskostenstelle   Hauptkostenstelle

Hauptkostenstelle, wenn die Leistungserbringung unmittelbar mit der marktfähigen Leistung in Verbindung zu bringen ist. Der Ausweis der Hauptkostenstellen erfolgt in der Regel in Spalten, die sich an die Spalten für die Hilfskostenstellen rechts anfügen. Weist ein Betrieb 50 Kostenstellen aus, benötigen wir somit in der Tabelle auch 50 Spalten, für jede Kostenstelle eine eigene.

Tatsächlich benötigt ein Betriebsabrechnungsbogen noch (mindestens) eine weitere Spalte, in die wir die einzelnen Gemeinkostenarten und später dann die Umlagen, Zuschlagsbasen etc. eintragen. Diese Zusatzspalte führen wir ganz links in der Tabelle als allererstes auf. Damit sieht die Tabelle mit 2 Hilfskostenstellen und 3 Hauptkostenstellen sowie 3 unterschiedlichen Gemeinkostenarten in etwa, wie in Abb. 6.3 zu sehen ist, aus:

Nehmen wir einmal an, bei der Gemeinkostenart 1 handle es sich um die Personalkosten. Dann sind in die entsprechende Zeile die Personalkosten der einzelnen Fachbereiche einzutragen. Das sollte verursachungsgerecht möglich sein, denn die Entlohnung der Labormitarbeiter führt in der Kostenstelle Labor zu Kosten und nicht in der Kostenstelle Vertrieb.

Falls die Gemeinkostenart 2 die Gebäudemiete umfasst, wird es jetzt schon schwieriger. Denn hier müssen wir dann die Gebäudemiete auf Basis einer Verteilungsgrundlage auf die Kostenstellen schlüsseln. Meist wendet man dann das Durchschnittsprinzip mit der Fläche in Quadratmeter als Schlüsselgröße an. Pro Quadratmeter beanspruchter Fläche werden dann bspw. 15 € auf die Kostenstellen verteilt. Hat das Labor eine Größe von 30 Quadratmeter, müsste es also 450 € Mietkosten tragen.

Gemeinkostenart 3 umfasst vielleicht alle anderen noch nicht verrechneten Gemeinkosten. Sie werden möglicherweise nach Köpfen auf die Kostenstellen verteilt, also auf Basis der Zahl der Mitarbeiter bzw. der Vollzeitäquivalente, damit ein Mitarbeiter mit einer Teilzeitstelle auch nur gemäß seines Anteils an einer Vollzeitstelle zählt. Und dann wäre immer noch zu klären, wie wir mit unserem Laborpaktikanten oder dem Auszubildenden im Labor bei dieser Rechnung

	Hilfs-kosten-stelle 1 (Kantine)	Hilfs-kosten-stelle 2 (Labor)	Haupt-kosten-stelle 1 (Material)	Haupt-kosten-stelle 2 (Fertigung)	Haupt-kosten-stelle 3 (Vertrieb)
Gemeinkostenart 1					
Gemeinkostenart 2					
Gemeinkostenart 3					
Summe der priumären Gemeinkosten					
Gemeinkosten-umlage 1					
Gemeinkosten-umlage 2					
Summe der Gemeinkosten					
Zuschlagsbasis					
Zuschlagssatz					

Abb. 6.3 Betriebsabrechnungsbogen

umgehen. Zählen Sie auch als ganzer „Kopf"? Die einzig wahre Lösung gibt es hier nicht.

Die Zuordnung der Gemeinkostenarten auf die einzelnen Kostenstellen führt dann zum Ausweis der **primären Gemeinkosten.** Doch wo es primäre Gemeinkosten gibt, da gibt es auch sekundäre. Und diese entstehen dann aus der Umlage der primären Gemeinkosten der Hilfskostenstellen auf die Hauptkostenstellen, was man als **innerbetriebliche Leistungsverrechnung** bezeichnet. Doch wozu braucht man diese überhaupt?

Wir sprechen ja von einer Hilfskostenstelle, wenn dieser Bereich eine Leistung erbringt, die wir innerbetrieblich nutzen. In die Kantine gehen nicht die marktfähigen Produkte essen, sondern die Mitarbeiter aus den einzelnen Fachabteilungen. Wenn wir die Kantine abrechnen wollen, dann brauchen wir hier einen Verrechnungssatz. So könnten wir bspw. die Kantinenkosten pro Kopf ausrechnen (analog zur Gemeinkostenart 3) und so einen Verrechnungssatz bilden, sagen wir einmal beispielhaft 100 € pro Mitarbeiter. Wenn im Labor 4 Mitarbeiter beschäftigt sind, muss das Labor dann 400 € Kantinenkosten tragen. Diese 400 €, die sich aus der Umlage der Kantinenkosten ergeben, bilden die **sekundären Gemeinkosten.** Wenn die Kantine dann vollständig abgerechnet ist, kommt die nächste Hilfskostenstelle dran: das wäre jetzt hier das Labor. Vielleicht können wir die Anzahl der Laboranalysen als Bezugsgröße verwenden und damit alle bisher erfassten Laborkosten durch die Anzahl der Laboranalysen dividieren. Möglicherweise entsteht so ein Preis von 5 € je Analyse. Für jede Laboranalyse, die die Materialkostenstelle nutzt (z. B. zur Analyse eingehender Rohstoffe), werden dieser dann 5 € Laborkosten zugewiesen. Entsprechend weisen wir auch der Fertigungskostenstelle Laborkosten über die Anzahl der von ihr genutzten Laboranalysen zu.

Problematisch wird es, wenn das Labor auch Analysen für die Kantine durchführt, denn nach der zuvor beschriebenen Vorgehensweise (dem sogenannten **Stufenleiterverfahren**) können wir diese Leistungen nicht mehr verrechnen, da die Kantine bereits abgerechnet ist. Aber, und das ist prima, es gibt neben dem Stufenleiterverfahren auch noch andere Methoden, die den gesamten Leistungsaustausch der Hilfskostenstellen untereinander simultan betrachten (Gleichungsverfahren) oder vollständig ignorieren (Anbauverfahren). Wenn Sie diesbezüglich zum Experten werden wollen, sei Ihnen ein Blick auf die Webseite https://www.wiin-kostenmanagement.de/betriebsabrechnungsbogen-bab/ empfohlen.

Letztlich können wir für die Hauptkostenstellen die Summe aus primären (aus der Zuordnung der Gemeinkostenarten) und sekundären Gemeinkosten (aus der innerbetrieblichen Umlage) bilden. Und für diese Summe der Gemeinkosten gilt es dann noch eine **Bezugsgröße** zu finden, über die man die Gemeinkosten auf die Kostenträger verrechnen kann. Für die Kostenstelle Material sind das oft die Materialeinzelkosten. Das bedeutet, wird für ein Kostenträger Material mit einem Einkaufspreis von 10 € verbraucht (Materialeinzelkosten), dann werden auf diese 10 € noch ein Zuschlag von bspw. 30 % für die Abrechnung der Materialkostenstelle (Beschaffung, Qualitätsprüfung und Lagerung des Materials) verrechnet, sodass wir dann insgesamt Materialkosten von 13 € für den Kostenträger ausweisen.

Das alles schreckt Sie ab? Keiner hat behauptet, dass Sie auf wenigen Seiten zum Kostenrechner werden. Und dennoch sollen Sie verstehen, was hier passiert. Denn irgendjemand – in der Regel ist es die Laborleitung – trägt **Kostenstellenverantwortung** und ist damit für die Höhe der in der Kostenstelle Labor ausgewiesenen Gemeinkosten verantwortlich. Doch dieser Kostenstellenverantwortliche hat nur begrenzt Möglichkeiten, die Höhe der Kosten zu steuern. Insbesondere die sekundären Gemeinkosten aus der Umlage sind kaum zu beeinflussen, es sei denn, man sorgt gezielt dafür, die für die Umlage genutzte

Bezugsgröße möglichst klein zu halten. Werden viele Kosten nach Köpfen verteilt, dann kann man über eine geringe Anzahl an Mitarbeitern die Kosten senken. Aber weniger Mitarbeiter bedeutet oft auch weniger Leistung – ist das gewollt? Das muss man immer im Einzelfall prüfen, allgemeine Aussagen lassen sich dazu nicht treffen. Und dennoch sollte sich die Laborleitung, wenn sie kostenstellenverantwortlich ist, einmal genau anschauen, über welche Parameter die Kosten der Kostenstelle Labor zugewiesen werden. Dann sieht sie auch, welche Möglichkeiten sie hat, die Höhe der Laborkosten zu steuern.

Die beschriebene Methodik der Kostenstellenrechnung ist weit verbreitet und eignet sich gut als Element der Produkt- und Leistungskalkulation. Aufgrund der umfassenden Schlüsselung der Gemeinkosten ist sie aber ungeeignet, um die Betriebsbereiche zu identifizieren, die wenig oder gar nicht zur Wirtschaftlichkeit des Unternehmens beitragen. Dazu benötigt man eine eigenständige Rechnung: die Deckungsbeitragsrechnung.

6.3 Anwendung der mehrstufigen Deckungsbeitragsrechnung im Labor

Ein beliebtes Controllinginstrument in Unternehmen bildet die **mehrstufige Deckungsbeitragsrechnung.** Im Unterschied zur klassischen Kostenrechnung sollen hier alle Kosten verursachungsgerecht ausgewiesen werden.[1] Doch wie kann das gelingen?

Am ehesten eignet sich die mehrstufige Deckungsbeitragsrechnung für das Produktcontrolling. Dabei gilt es herauszufinden, mit welchen Leistungen ein Labor Geld verdient – und mit welchen eben nicht. Voraussetzung dafür ist, dass die einzelnen Laborleistungen mit Preisen bewertbar sind. Das können Marktpreise sein, wenn die Laborleistungen nach außen verkauft werden. Es können aber auch interne Verrechnungspreise sein, wenn die Laborleistungen innerbetrieblich genutzt werden.

In einem ersten Schritt sind dann die Umsätze zu bestimmen, die mit den einzelnen Laborleistungen erwirtschaftet werden. Gerade wenn Sie mit internen Verrechnungspreisen arbeiten müssen, können diese unternehmenspolitisch beeinflusst sein; auf der Basis von Marktpreisen lassen sich die Umsätze dagegen objektiv messen.

Von den jeweiligen **Umsätzen** subtrahieren Sie dann lediglich die mit der Umsatzerzielung verbundenen **variablen Kosten.** Das sind bspw. die Kosten für

---

[1] Dietrich und Georg (2022, S. 21 f.).

verbrauchte Materialien im Rahmen der Erbringung der Laborleistungen. Die Differenz aus Umsätzen und variablen Kosten heißt **Deckungsbeitrag.** Da wir aber noch mehrere Deckungsbeiträge bestimmen werden, sprechen wir besser vom Deckungsbeitrag I. Dieser sollte unbedingt positiv sein, d. h. die Umsätze sollten größer sein als die variabeln Kosten. Ansonsten führt jede zusätzliche Laborleistung**seinheit** (jede zusätzliche Laboruntersuchung) zu einem weiteren unmittelbaren Verlust.

Vom Deckungsbeitrag I subtrahieren wir als nächstes die **produktfixen Kosten.** Das sind all jene Kosten, die sich zwar nicht mit einer zusätzlichen Laborleistungseinheit verändern (eine weitere Laboranalyse darf hier also keinen Einfluss auf die Höhe der Kosten haben), die Kosten müssen sich aber eindeutig dieser Laborleistungsart zuordnen lassen. Haben Sie beispielsweise für eine bestimmte Leistungsart ein technisches Gerät beschafft (bspw. für 10.000 €), das sie für keine andere Leistungsart verwenden können, und verrechnen Sie die Gerätekosten über eine lineare Abschreibung (bspw. 2000 € pro Nutzungsjahr), dann fallen die 2000 € unabhängig davon an, ob Sie eine Laboruntersuchung mehr oder weniger durchführen – die Kosten sind also fix und in diesem Fall produktfix. Nach Abzug dieser produktfixen Kosten erhalten Sie den Deckungsbeitrag II. Auch dieser sollte positiv sein, damit die Leistungs<u>art</u> die ihr direkt zurechenbaren Kosten mit ihrem Umsatz übertrifft.

In einem nächsten Schritt fassen Sie einzelne Leistungen zu Leistungsgruppen (Produktgruppen) zusammen. Die Zusammenfassung sollte so erfolgen, dass Sie weitere fixe Kosten eindeutig dieser Leistungsgruppe zuordnen können. Vielleicht haben Sie einen Mitarbeiter im Labor beschäftigt, der drei unterschiedliche Laboruntersuchungen durchführen kann. Führen Sie diese drei Laboruntersuchungen zu einer Leistungsgruppe/Produktgruppe zusammen, dann können Sie das fixe Arbeitsentgelt dieses Mitarbeiters als gruppenfixe Kosten verrechnen. Die Subtraktion der gruppenfixen Kosten vom Deckungsbeitrag II liefert dann dan Deckungsbeitrag III. Und natürlich streben Sie auch hier einen positiven Deckungsbeitrag an, sonst sind die mit der Gruppe verbundenen Kosten nicht gedeckt.

Gemäß dieses Prinzips können Sie nun weitere Hierarchiestufen bilden und so weitere Deckungsbeiträge bilden. Dennoch werden auch am Ende immer noch Fixkosten übrig bleiben, die Sie als **sonstige laborfixe Kosten** erst im letzten Schritt verrechnen können, um das Laborergebnis auszuweisen. Abb. 6.4 zeigt den Aufbau einer mehrstufigen Deckungsbeitragsrechnung für das Labor.

Mit der mehrstufigen Deckungsbeitragsrechnung haben Sie also die Gelegenheit, die wirtschaftlichen Schwachstellen im Laborleistungsportfolio aufzudecken. Sie sehen so, wo Sie gezielt Maßnahmen ergreifen müssen, um die Rentabilität

Laborleistungen	1	2	3	4	5	6	7	8
Umsatz								
Variable Kosten								
Deckungsbeitrag 1								
Produktfixe Kosten								
Deckungsbeitrag 2								
Gruppenfixe Kosten								
Deckungsbeitrag 3								
Bereichsfixe Kosten								
Deckungsbeitrag 4								
Sonstige fixe Kosten								
Laborergebnis								

Abb. 6.4 Mehrstufige Deckungsbeitragsrechnung

zu sichern. Das erwarten das Unternehmen und die Kapitalgeber letztlich von Ihnen, denn Verlustbringer sind nicht erwünscht. Haben Sie eine wirtschaftliche Schwachstelle in Ihrem Labor gefunden, können Sie bspw. prüfen, ob Sie den Prozess der Leistungserbringung so verändern können, dass er schlanker wird, weniger Arbeitszeit beansprucht oder effizient automatisiert werden kann. Wenn Sie keine Verbesserungsmöglichkeiten sehen, müssen Sie letztlich auch eine Preiserhöhung prüfen. Im Zuge der Energiekrise wird das viele Unternehmen treffen, da Energieeinsparmaßnahmen ihre Grenzen haben und steigende Kosten in diesem Zusammenhang vielfach unvermeidbar sein werden. Dann bleibt die Preissteigerung oft der einzige Ausweg. Doch bedenken Sie auch: Ihre Preissteigerung bedeutet für Ihre Kunden höhere Kosten – und auch deren finanzielle Möglichkeiten sind begrenzt. Am Ende ist nicht auszuschließen, dass Sie den ein oder anderen Kunden verlieren werden. Gerade deshalb sollte die Preissteigerung immer der letzte Ausweg sein.

Umfassende Informationen zu den Möglichkeiten der Deckungsbeitragsrechnung finden Sie beispielsweise auf der Webseite https://www.wiin-kostenmanagement.de/deckungsbeitragsrechnung/.

Liquiditätsplanung und Budgetierung im Labor 7

Natürlich wollen Sie als Unternehmen Geld verdienen. Das haben wir nun schon ausreichend häufig in diesem Buch festgestellt. Aber Sie müssen sich das auch leisten können! Was hat das nun schon wieder zu bedeuten? Sie wissen vielleicht genau, wie Sie mit Ihrem Labor Geld verdienen können. Dazu benötigt das Labor eine bestimmte Ausstattung – und dazu benötigen Sie Geld. Doch steht Ihnen das auch in ausreichendem Maße zur Verfügung? Um diese Frage kümmern wir uns in diesem Kapitel.

7.1 Die Rolle der Budgetierung

Unabhängig von Rentabilitätsüberlegungen muss jedes Unternehmens stets **liquide** sein. Die Forderung nach Liquidität ist in der Insolvenzordnung festgeschrieben. Von daher kommt dem Controlling die Aufgabe zu, nicht nur einen Beitrag zur Steigerung der Rentabilität zu leisten, sondern auch dabei zu helfen, die **Liquidität zu sichern.**

Während die **Liquiditätsplanung** eine eher kurzfristige Sichtweise auf die Zahlungsfähigkeit des Unternehmens und jeder Fachabteilung darstellt, betrachtet die **Finanzplanung** die Sicherung der Zahlungsfähigkeit unter mittel- bis langfristigen Gesichtspunkten.

Verbunden werden die operative und strategische Ebene der Sicherung der Zahlungsfähigkeit mittels der **Budgetplanung.** Dabei stehen in der Regel **monetäre Budgets** im Vordergrund, insbesondere solche, die **Ein- und Auszahlungen** bzw. **Einnahmen und Ausgaben** erfassen.[1]

---

[1] Vgl. Rickards (2007, S. 52).

S. Georg, *Laborcontrolling*, essentials,
https://doi.org/10.1007/978-3-658-40226-6_7

Die Budgetplanung entspricht der Festlegung eines quantitativen Rahmens für bestimmte unternehmerische Handlungen der Zukunft. Dabei unterscheidet man **monetäre** und **nicht-monetäre** Budgets. Nicht-monetäre Budgets legen bspw. die Anzahl benötigter Maschinen oder Mitarbeiter fest. Wie viele Mitarbeiter stehen Ihnen im Labor zur Verfügung? Mit welcher technischen Ausstattung können Sie im Labor arbeiten? Monetäre Budgets dienen hingegen der Planung der benötigten finanziellen Mittel zur Erledigung bestimmter Aufgaben und damit auch zur Erbringung der Laborleistungen. Nachfolgend soll der Fokus auf die für das Controlling typischen monetäre Budgets gelegt werden.

Zur Festlegung von Budgets sind bestimmte Regeln einzuhalten:[2]

1. Budgets müssen erreichbar sein. Wenn ein technisches Laborgerät einen Marktpreis von 20.000 € hat, dann bringt es nichts, nur 4000 € einzukalkulieren – damit werden Sie die Laborausstattung nicht beschaffen können. Deshalb sind auch die Budgetverantwortlichen an der Festlegung der Budgethöhen zu beteiligen.

2. Budgets müssen herausfordernd sein. Da Sie rentabel arbeiten wollen und müssen, sind Sie gezwungen, kein Geld zu verschwenden. Somit sollten Sie nicht über ein größeres Budget verfügen können, als Sie benötigen, um Ihr Labor am Laufen zu halten.

3. Es darf keine Schattenbudgets geben. Schattenbudgets sind keine Schwarzkassen. Vielmehr handelt es sich um Reserven, die Jahr für Jahr für die gleichen Aufgaben verwendet, diesen aber nicht zugewiesen werden. Das macht keinen Sinn. Deshalb sind mit den Budgets auch immer klare Kontierungsrichtlinien verbunden. Es darf nicht sein, dass Unsicherheit dahingehend besteht, ob eine Ausgabe der Kostenstelle Labor oder einer anderen Kostenstelle zuzuordnen ist.

4. Ziel ist es, das Budget zu erreichen, nicht etwa davon abzuweichen. Bedenken Sie, dass ein Budget wohl überlegt ist. Überschreiten Sie es (deutlich), dann gehen Sie zu verschwenderisch um. Unterschreiten Sie es dagegen signifikant, dann liegt der Verdacht nahe, dass Sie nicht alle Aufgaben bewältigt haben, die Sie mit dem Budget hätten bewältigen sollen.

5. Es sind für jeden Verantwortlichen individuelle Zielhöhen zu vereinbaren. Müssen Sie in Ihrem Unternehmen Geld sparen, um die Liquidität zu sichern, dann macht es keinen Sinn, dass alle Abteilungen gleichermaßen zu den Einsparungen beitragen. Vielleicht können Sie im Labor nur einen kleineren

---

[2] Vgl. Stelling (2008, S. 242).

oder sogar einen größeren Beitrag leisten. Es sind immer Einzelfallprüfungen sinnvoll.

6. Innerhalb der betrachteten Periode sollten die Budgets prinzipiell unveränderbar sein. Nachschüsse sind nur ausnahmsweise zu gewähren, wenn nicht vorhersehbare Entwicklungen eingetreten sind, die in der Phase der Budgetierung nicht kalkuliert werden konnten. Das ist wichtig, denn Budgets haben auch eine Bewilligungsfunktion.

7. Budgetabweichungen sind mit den Budgetverantwortlichen zu besprechen und bilden keine Basis für Sanktionen, sondern für Lernprozesse. Vielleicht kann die Laborleitung gut erklären, dass sie aufgrund steigender Energiekosten das geplante Kostenbudget überschreiten musste.

Wer sich an diese Regeln hält, kann auch die von Specht, Schweer und Ceyp definierten Budgetierungsaufgaben erfüllen. Demnach weisen Budgets folgende Funktionen auf:[3]

- Koordinationsfunktion (Es erfolgt die Abstimmung und die Koordination von Einzelzielen der Kostenstellen eines Unternehmens – bspw. des Labors – zur Sicherung der Umsetzung der Unternehmensziele.)
- Planungsfunktion (Bestimmung von Plankosten und Planergebnissen)
- Bewilligungsfunktion (Festlegung der Handlungsrahmen für die Budget-Verantwortlichen und Vorgabe von Soll-Größen für das Labor)
- Motivationsfunktion (über die Vorgabe konkreter Ziele und deren Messung)
- Prognosefunktion (über die Auskunft zu geplanten Aktivitäten im Labor)
- Kontrollfunktion (zur Leistungsüberprüfung der Organisationseinheiten, zur Einleitung von Maßnahmen zur Nachsteuerung und zur Verbesserung künftiger Budgetierungen)

Die einzelnen Funktionen von Budgets sind Ihnen auch noch einmal übersichtlich in Abb. 7.1 zusammengestellt:

7.2   Liquiditätsbegriffe

Höhe liquider Mittel

Der Begriff der **Liquidität** wird durchaus unterschiedlich definiert. Oft werden die liquiden Mittel als Bilanzpositionen verstanden und umfassen die **Zahlungsmittel**

---

[3] Vgl. Specht et al. (2005, S. 521).

Abb. 7.1 Funktionen der
Budgetierung

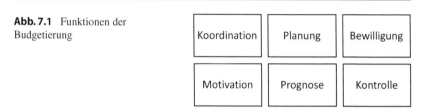

Koordination	Planung	Bewilligung
Motivation	Prognose	Kontrolle

(Kasse, Bankguthaben, erhaltene Schecks) und die **Wertpapiere des Umlauf-vermögens.**[4] Neben diesen in der Bilanz ausgewiesenen Positionen stehen dem Unternehmen häufig aber auch zusätzliche **freie Kreditlinien** für sofortige Zahlungen zur Verfügung, welche die Liquidität eines Unternehmens verbessern. Die liquiden Mittel lassen sich natürlich auch für das Labor verwenden.

Liquidität im Sinne von Liquiditätsreserven
Als **Liquiditätsreserve** wird die **Summe aller freien liquiden Mittel** bezeichnet. Dabei ist von allen in der Bilanz aktivierbaren Guthaben auszugehen. Weicht man von der rein bilanzorientierten Betrachtung ab, sind auch die freien Kreditlinien, die für Zahlungen unmittelbar genutzt werden können, hinzuzählen. Entscheidend ist, dass man von diesen liquiden Mitteln alle jene Positionen subtrahiert, die bereits verplant sind. Bestellt ein Labor neues Verbrauchsmaterial, dann muss berücksichtigt werden, dass die finanziellen Mittel für diese Bestellung bereits reserviert sind und nicht ein zweites Mal ausgegeben werden können.

Liquidität im Sinne von Geldnähe eines Vermögenswertes
In diesem Fall erfasst die Liquidität, **wie leicht** und **wie schnell** ein Vermögensgut zu Zahlungsmitteln gemacht werden kann.[5]

Vermögensgüter können mehr oder weniger schnell und einfach verkauft werden, um Zahlungsmittel zur Verfügung zu stellen. Je leichter die Umwandlung ist, umso günstiger ist dies für die Sicherung der Zahlungsfähigkeit. Die Bilanz unterscheidet hier die beiden großen Blöcke Anlage- und Umlaufvermögen. Dem Anlagevermögen wird in der Regel eine eher langfristige Perspektive, dem Umlaufvermögen eine kurzfristige Perspektive zugeordnet. Somit gilt Anlagevermögen (wie z. B. die technische Laborausstattung) als geldfern, Umlaufvermögen (bspw. Forderungen aus verkauften Laborleistungen) dagegen als geldnah.

---

[4] Vgl. Zantow (2016, S. 37).
[5] Vgl. Zantow (2016, S. 39).

Leicht ist die Umwandlung einer Vermögensposition in Geld (Zahlungsmittel) immer dann, wenn es einen gut funktionierenden (und häufig großen) Markt für das Vermögensgut gibt; optimal ist eine Börse mit hohen Umsätzen. Folglich sind Aktien oder Rentenpapiere mit hohen Börsenumsätzen von ausgezeichneter Geldnähe, wenn sie zusätzlich für den Betriebsablauf nicht benötigt werden. Labortechnik ist dagegen relativ geldfern – immer unter der Voraussetzung, dass die Gerätschaften auch benötigt werden.

Liquidität im Sinne von Liquiditätsgraden als relative Liquidität

a) Als **Liquidität 1. Grades** wird das Verhältnis von liquiden Mitteln zu kurzfristigem Fremdkapital (meist ausgedrückt als Prozentwert) bezeichnet.

b) Als **Liquidität 2. Grades** wird das Verhältnis von liquiden Mitteln und kurzfristigen Forderungen zu kurzfristigem Fremdkapital (meist ausgedrückt als Prozentwert) bezeichnet.

c) Als **Liquidität 3. Grades** wird das Verhältnis des Umlaufvermögens zu kurzfristigem Fremdkapital (meist ausgedrückt als Prozentwert) bezeichnet.[6]

Zielwerte für die einzelnen Liquiditätsgrade unterscheiden sich von Branche zu Branche und sind unternehmensindividuell festzulegen: Banken verwenden als Faustregel für die Liquidität 2. Grades oftmals einen Mindestwert von 100 %. Der Zielwert für die Liquidität 1. Grades kann deutlich darunter liegen, der für die Liquidität 3. Grades muss dagegen über 100 % liegen. Labore beeinflussen die Liquiditätsgrade, wenn bspw. mit der Labortätigkeit der Aufbau von kurzfristigem Fremdkapital verbunden ist (z. B. bei unbezahlten Lieferantenrechnungen).

Liquidität im Sinne jederzeitiger Zahlungsfähigkeit
Zahlungsfähigkeit kann gegeben sein oder auch nicht; es gibt keine intensitätsmäßigen Abstufungen. Liquidität bedeutet in diesem Zusammenhang, dass die notwendigen Finanzmittel (z. B. zum Begleichen einer Lieferantenrechnung für das Labor) fristgerecht zur Verfügung stehen.[7]

- **Zeitpunktliquidität** ist gegeben, wenn die Zahlungsfähigkeit zu jedem Zeitpunkt gegeben ist, die Zahlungsmittel also stets größer gleich den zwingenden Auszahlungen sind. Insbesondere kann hier jede Rechnung immer pünktlich bezahlt werden.

---

[6] Vgl. Hagen (2003, S. 101), in: Müller et al. (2003), Zantow (2016, S. 38).

[7] Vgl. Hagen (2003, S. 82), in: Müller et al. (2003).

- **Periodenliquidität** ist gegeben, wenn die Zahlungsmittel einer Periode größer gleich den zwingenden Auszahlungen der Periode sind.[8]

Zeitpunktliquidität ist somit der „schärfere" Begriff, da es bei der Periodenliquidität auch möglich ist, dass an einzelnen Tagen der betrachteten Periode die Zahlungsfähigkeit nicht gewährleistet ist. In der Regel ist von den Unternehmen die Zeitpunktliquidität zu fordern; lediglich bei kleinen Unternehmen (bspw. bei kleinen selbstständigen Laboren) kann auch eine Periodenliquidität genügen.

Die Bedeutung dieses Verständnisses von Liquidität konkretisiert sich in der **Insolvenzordnung**, worin in § 17 bezüglich der Insolvenz festgelegt ist:[9]

„(1) Allgemeiner Eröffnungsgrund ist die Zahlungsunfähigkeit.

(2) Der Schuldner ist zahlungsunfähig, wenn er nicht in der Lage ist, die fälligen Zahlungsverpflichtungen zu erfüllen. Zahlungsunfähigkeit ist in der Regel anzunehmen, wenn der Schuldner seine Zahlungen eingestellt hat."

Übrigens: Eine **vorübergehende Zahlungsstockung** reicht als Insolvenzgrund nicht aus, woraus sich in der Praxis ein gewisser Ermessensspielraum ableitet. Dies bedeutet, dass man sich bei kurzfristiger Unmöglichkeit, die zwingenden Zahlungen zu erledigen, darauf berufen kann, dass die Zahlungsstockung nicht nachhaltig ist.[10]

Neben der (drohenden) Zahlungsunfähigkeit gilt bei juristischen Personen (z. B. Kapitalgesellschaften wie einer GmbH oder AG) auch die **Überschuldung** als Eröffnungsgrund (§ 19 Insolvenzordnung). Sie liegt vor, wenn das Vermögen des Schuldners die bestehenden Verbindlichkeiten nicht mehr deckt, das Eigenkapital also negativ ist.[11]

Da jedes Unternehmen zur Zahlungsfähigkeit gezwungen ist, sind damit auch zwangsläufig Einschränkungen für das Labor verbunden. Eine neue Investition kann noch so rentabel sein, die Liquidität darf aber nicht durch die Investition gefährdet sein, weil diese möglicherweise zu viel Kapital bindet.

Abschließend finden Sie die einzelnen Aspekte der Liquidität übersichtlich in Abb. 7.2 zusammengestellt:

---

[8] Vgl. Zantow (2016, S. 40).

[9] Vgl. Zantow (2016, S. 40).

[10] Vgl. Zantow (2016, S. 40).

[11] Umfassende Informationen zur Insolvenz finden Sie bei Heesen/Wieser-Linhart (2021).

Abb. 7.2 Aspekte der Liquidität

7.3 Liquiditätsberechnungen im Labor

Mit dem **täglichen Liquiditätsstatus** berechnet man den Saldo der Ein- und Auszahlungen eines Tages unter Berücksichtigung des Anfangsbestandes an liquiden Mitteln. Er spielt im Laborcontrolling vor allem für selbstständige Labore eine wichtige Rolle.

Der Liquiditätsstatus bestimmt die **aktuelle Liquidität** am jeweiligen Planungstag und erlaubt so auf den Tag beschränkte kurzfristige Anpassungen der Zahlungsvorgänge. Er berechnet sich nach folgender Formel:[12]

Anfangsbestand liquider Mittel am Tagesanfang

+ erwartete Einzahlungen des Tages
− erwartete Auszahlungen des Tages
= **Planendbestand liquider Mittel am Tagesende**

Die Schwierigkeit der Berechnung liegt hier nicht in der Formel begründet, sondern in der Abschätzung der jeweiligen Abrechnungspositionen. Wir hoch werden die Planeinzahlungen sein? Wie hoch werden die Auszahlungen sein? Für das Unternehmen ist diese Rechnung nicht einfach vorzunehmen. Entsprechend vorsichtig agiert das Unternehmen. Auch deshalb kann eine bereits vorgesehene und geplante Bestellung für das Labor noch einmal um ein paar Tage verschoben werden, wenn das Unternehmen Zweifel hinsichtlich der Liquidität hat.

---

[12] Vgl. Zantow (2016, S. 493 f.).

Laborkennzahlen 8

8.1 Grundlegende Informationen zu Kennzahlen

Kennzahlen und Kennzahlensysteme spielen nicht nur im Controlling eine große Rolle. Tagtäglich werden wir schon in der Schule, ohne es uns immer bewusst zu sein, mit Kennzahlen konfrontiert. Schon in dem Satz „Du musst noch 10 Vokabel lernen." ist eine Kennzahl versteckt: die Anzahl zu lernender Vokabel. Aus dem betrieblichen Alltag sind Kennzahlen überhaupt nicht wegzudenken. Regelmäßig wird eine große Zahl von Kennzahlen produziert, und aufgrund der modernen Möglichkeiten der Informationstechnologie werden es sogar immer mehr.

Wer Ordnung in die große Zahl von Kennzahlen bringen will, schafft ein System von Kennzahlen. Hier gibt es einige **Grundsysteme,** die bei unternehmensindividuellen Kennzahlensystemen häufig die Basis bereitstellen. Diese Grundsysteme sollen nachfolgend dargestellt werden. Darüber hinaus widmet sich das Buch in einem Unterkapitel vielen typischen Kennzahlen, wie sie in der Praxis – oftmals sogar **branchenunabhängig** – genutzt werden.

Kennzahlen sind **verdichtete Informationen** und beziehen sich auf quantifizierbare betriebliche Tatbestände. Sie berücksichtigen dabei alle Arten von Aktivitäten und Funktionsbereiche des Unternehmens – und selbstverständlich auch das Labor.

Kennzahlen haben den Zweck,

- Ziele (Produktivitätsziel, Investitionsziele) zu operationalisieren,
- auf Auffälligkeiten und Veränderungen aufmerksam zu machen (z. B. bei Qualitätsabweichungen im Labor),
- Zielgrößen (Renditeziel: 7 %) vorzugeben,

- Abweichungen (Kostenabweichung im Labor als Differenz aus Ist-Kosten zu Plan-Kosten) kontrollierbar zu machen und
- den Leistungsvergleich mit Wettbewerbern (auch im Sinne eines Benchmarking) messbar zu machen.[1]

Damit erfüllen Kennzahlen alle typischen Aufgaben des Controllings und können auch für das Laborcontrolling genutzt werden:[2]

- **Abbildungsaufgaben:** betriebliches (Labor-)Geschehen wird abgebildet.
- **Informationsaufgaben:** Die Lenkung der Informationsbeschaffung (für das Labor) wird problembezogen sichergestellt.
- **Planungsaufgaben:** Mögliche Handlungskonsequenzen sind zu bewerten.
- **Kontrollaufgaben:** Kennzahlen bieten Ansatzpunkte für die Ursachen- und Schwachstellenanalyse (im Labor).

Kennzahlen lassen sich als

- **absolute Zahl** (Monatsumsatz, Anzahl der Proben) oder als
- **Verhältniszahl** (Marktanteil, Mitarbeiterproduktivität, Geräteauslastung)

bilden.

Um eine systematische Analyse und Ursachenforschung betreiben zu können, wurden von Praktikern und Theoretikern verschiedene **Kennzahlensysteme** entwickelt.

Je nach System besteht zwischen den einzelnen Kennzahlen ein rechnerischer und/oder ein inhaltlicher Zusammenhang (Rechensysteme vs. Ordnungssysteme). Darüber hinaus bezieht sich eine Spitzenkennzahl meist auf das zentrale Unternehmensziel.

Das wohl älteste Kennzahlensystem ist das **Du Pont System** (benannt nach dem amerikanischen Chemieunternehmen, welches das System bereits 1919 entwickelt hat) zur Bestimmung des Return On Investment (ROI).[3]

Der **Return On Investment** berechnet sich in diesem Fall als Verhältnis von Gewinn [plus Fremdkapitalzinsen] zum Gesamtkapital bzw. alternativ aus dem Produkt von Umsatzrentabilität (Gewinn [plus Fremdkapitalzinsen] zum

---

[1] Vgl. Preißner (2010), S. 217 ff.
[2] Vgl. Stelling (2008), S. 275.
[3] Vgl. Meffle et al. (2000, S. 549): Pooten und Langenbeck (2016, S. 101).

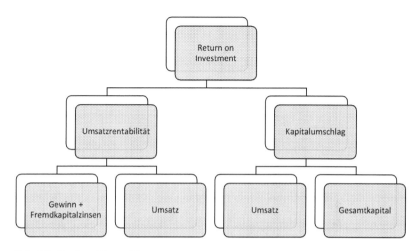

Abb. 8.1 Du Pont Kennzahlensystem

Umsatz) und Kapitalumschlagshäufigkeit (Umsatz durch Gesamtkapital), wie auch Abb. 8.1 zeigt:

Die Gleichsetzung des Gesamtkapitals mit dem Gesamtvermögen des Unternehmens und die Trennung und Aufschlüsselung des Gesamtvermögens in Anlage- und Umlaufvermögen liefern zusammen mit der weiteren Aufschlüsselung des Unternehmenserfolges schließlich das Gesamtsystem. Das Du Pont System orientiert sich somit an einer **Spitzenkennzahl,** die sich rein rechnerisch aus den darunter liegenden einzelnen Kennzahlen eindeutig bestimmen lässt. Im Mittelpunkt steht die Steuerung der Rentabilität, nicht aber der Liquidität.

Verwendet ein Unternehmen eine Variante des Du Pont Systems, ist auch das Labor unmittelbar davon betroffen. Jede Investition in Laborausstattung erhöht kurzfristig das Anlagevermögen und reduziert damit den Kapitalumschlag, was sich negativ auf den Return on Investment auswirkt. Dieser Entwicklung muss entgegengewirkt werden, indem die neubeschaffte Laborausstattung zur unmittelbaren Reduktion der Kosten beiträgt und so die Umsatzrentabilität verbessert. Eine reine Umsatzsteigerung aufgrund der Investition genügt hingegen nicht. Zwar steigert diese den Kapitalumschlag, reduziert aber gleichzeitig die Umsatzrentabilität, wenn mit der Umsatzsteigerung nicht gleichzeitig auch eine Erhöhung des Jahresabschlusses verbunden ist.

8.2 Kennzahlenerhebung im Labor

Nicht nur Labormitarbeiter sind oft sehr gut ausgelastet. Für alle Fachabteilungen sind die folgende Aspekte bei der Arbeit mit Kennzahlen zu berücksichtigen, die in Abb. 8.2 zusammengefasst sind, um Kennzahlen wirkungsvoll für das Controlling nutzen zu können und deren Akzeptanz zu steigern:

Zum Erfassungsaufwand

Kennzahlen sollen mit möglichst geringem (Zusatz)-Aufwand erhoben werden können. Schon im Vorfeld der Kennzahlenfestlegung muss darauf geachtet werden, ob ein benötigter Indikator überhaupt erhebungsfähig ist. Ideal ist die Nutzung bereits vorhandener Datenbestände (Labor-Infomations-Management-System, Buchführung etc.).

Die Aussage einer Kennzahl muss dabei stets im Verhältnis zum Aufwand stehen, und Empfänger und Ersteller sollen hin und wieder miteinander kommunizieren, um die Notwendigkeit der Kennzahlenberechnung abzuklären.

Zur Leistungsmessung

Kennzahlen sollen Leistungen von Prozessen oder Organisationen erfassen, aber nicht das Verhalten einzelner Mitarbeiter.

Beispiel:

Abb. 8.2 Regeln der Kennzahlenerhebung

- Probendurchsatz
- Mitarbeiterauslastung
- ...

ACHTUNG:
Beim Erfassen von „Mitarbeiterbindungszeiten" sollte unbedingt darauf geachtet werden, den Betriebsrat schon weit im Vorfeld der Erhebung mit einzubeziehen.

Zur Zielführung
Für Kennzahlen sollten eindeutig definierte Zielwerte, ggf. Zielkorridore und Zeiträume zur Zielerreichung festgelegt werden.
Beispiel:
Die Reklamationsquote soll bis 31.12.20xy von jetzt 4,8 % auf 2,5 % gesenkt werden. Eine Abweichung von 10 % ist tolerabel.

Zur Nachvollziehbarkeit
Das Vorgehen bei der Datenerhebung und Datenauswertung muss klar beschrieben und damit nachvollziehbar und transparent sein, damit die Ergebnisse der Kennzahl im Unternehmen auch erkannt sind. Idealerweise wird dazu ein Kennzahlensteckbrief erstellt, wie er in der Folge noch vorgestellt wird.

Zur Terminierung
Erfassungszeitraum und Berichtstermin müssen für jede Kennzahl festgelegt sein.
Beispiele:
Bilanz:

- Erfassungszeitraum (letztes Jahr)
- Berichtstermin (Ende März des Folgejahres)

Probendurchsatz:

- Erfassungszeitraum (aktueller Monat)
- Berichtstermin (1. des Folgemonats)

Zur Verantwortlichkeit
Ein Kennzahlenverantwortlicher muss ernannt und Gegenmaßnahmen bei Abweichungen müssen eindeutig definiert sein.
Beispielfrage:

„Wer muss bei einer Abweichung kontaktiert werden, und welche Maßnahmen sind einzuleiten?"

Zur Visualisierung
Kennzahlen sollten in verständlicher Form visualisiert werden und jedem (interessierten oder betroffenen) Mitarbeiter zur Verfügung stehen.
Wege der Visualisierung:
Aushang im Unternehmen an einem (digitalen) Schwarzen Brett (im Labor)
Veröffentlichung im (Labor-)Intranet
Versand der Informationen per E-Mail
etc.

Fazit bei der Kennzahlenerhebung
Zweck von Kennzahlen ist nicht das Messen, sondern das Finden von Maßnahmen, die Werte der Kennzahlen zu verbessern. Das gilt natürlich auch im Labor.
Die gemessene Kennzahl ist somit immer nur der erste Schritt, um aktiv zu werden. Maßnahmen müssen definiert und Aktivitäten eingeleitet werden, um die Kennzahl im festgelegten Maß zu verbessern.
Um die oben stehenden Hinweise einhalten zu können, empfiehlt sich für jede (Labor-)Kennzahl die Nutzung eines Kennzahlensteckbriefes, der bspw. die folgenden Informationen beinhalten kann:

Kennzahl	Eigenkapitalrentabilität
Nummer der Kennzahl (zur eindeutigen Identifikation der Kennzahl bei möglichen unterschiedlichen Schreibweisen)	101
Formel zur Berechnung	EK-Rent = Gewinn/Eigenkapital (Angabe als Prozentwert)
Herkunft der Daten	Gewinn aus aktueller Quartals-GuV, Eigenkapital aus Quartalsanfangsbilanz
Aussagekraft der Kennzahl	EK-Rent gibt die Verzinsung des eingesetzten Eigenkapitals an
Berechnungszyklus	Quartalsweise bei Vorlage eines neuen Quartalsabschlusses
Zielwert/Zielkorridor	10 % oder 8 bis 12 %
Verantwortlichkeit	Leitung Finanzen
Berichtsempfänger	Geschäftsleitung
Berichtsweg	Versand der Dokumentation per E-Mail

Abb. 8.3 Klassen der
Laborkennzahlen

8.3 Typische Laborkennzahlen

Die Liste möglicher Laborkennzahlen ist lang. Es kommt immer auf den Einzelfall an, welche Kennzahlen sinnvollerweise ermittelt werden. Entscheidend ist stets, dass die Kennzahl nicht ohne konkreten Anlass oder ohne konkrete Nutzungsabsicht erstellt wird. Es geht also nicht darum, Zahlenkolonnen zu erzeugen, sondern Hinweise zu erhalten, wo im Unternehmen (im Labor) ein möglicher Handlungsbedarf besteht. Auch die Definition einzelner Kennzahlen hängt immer vom konkreten Einzelfall ab. In der Folge erhalten Sie ein paar Vorschläge zu möglichen Kennzahlen und deren Berechnung, die in Abb. 8.3 in verschiedene Gruppen klassifiziert werden:

Prozesskennzahlen
Durchschnittliche **Durchlaufzeit** einer Analysenprobe (der wichtigsten Analysearten) als Zeitspanne von Probenannahme bis zum Versand des Ergebnisberichts (gemessen als Durchschnittswert über einen einmonatigen oder mehrmonatigen Zeitraum)

Termintreue als Anteil der Laboruntersuchungen, die rechtzeitig (bis zum gewünschten Kundentermin) fertiggestellt wurden, an der Gesamtzahl der Laboruntersuchungen

Geräteauslastung als tatsächlich genutzte Gerätezeit zur maximal möglichen Einsatzzeit (gemessen als Durchschnittswert über einen Zeitraum von bspw. einem Monat)

Labormitarbeiterauslastung als Anteil der verrechenbaren Stunden an der Gesamtarbeitszeit (z. B. als Durchschnittswert aller Mitarbeiter in der Analytik)

Methodeninnovation als Zeitaufwand zur Optimierung und Neuentwicklung von Methoden im Verhältnis zur Gesamtarbeitszeit

Mitarbeiterkennzahlen
Weiterbildungsquote als Quotient aus Weiterbildungsstunden der Labormitarbeiter und Gesamtarbeitszeit der Labormitarbeiter (als Durchschnittswert über alle Labormitarbeiter innerhalb eines Jahres)
Fehlzeitenrate als Anteil der Fehlzeiten in Tagen zur Gesamtzahl der Arbeitstage (als Durchschnittswert über alle Mitarbeiter und pro Monat, Quartal oder Jahr)
Personalkostenanteil als Quotient aus Personalkosten und Gesamtkosten des Unternehmen oder als Verhältnis von Personalkosten und Umsatz
Methodenkenntnis als Anzahl der bei den Mitarbeitern bekannten Untersuchungsmethoden zur Zahl der Labormitarbeiter

Qualitätskennzahlen
Kosten der Prüfmittelüberwachung als absolute Kennzahl oder als Anteil an den Gesamtkosten
Reklamationsquote als Quotient aus Anzahl der Reklamationen und Anzahl der Aufträge.

Kostenkennzahlen
Personalkosten als absolute Zahl im Zeitvergleich
Entsorgungskosten als absolute Zahl im Zeitvergleich oder als Anteil an den Gesamtkosten des Labors
Laborgemeinkosten als Anteil an den Gesamtkosten des Labors

Mit Sicherheit gibt es in Ihrem Unternehmen eine große Zahl an genutzten Kennzahlen, von denen Sie nicht nur viele kennen, sondern mit denen Sie ohnehin teilweise arbeiten. Hinterfragen Sie, wie die Kennzahlenwerte berechnet werden, ob sie wirklich das aussagen, was sie aussagen sollen und ob sie überhaupt aktiv genutzt oder einfach nur berechnet werden.

Die Balanced Scorecard für das Labor 9

9.1 Laborziele im Blickpunkt

Vielleicht haben Sie bisher den Eindruck gewonnen, eine Vielzahl von Methoden kennenzulernen, ohne dass Sie direkt erkennen können, wie Sie eigentlich Ihre Laborziele im Blick behalten können? Auch für dieses Problem gibt es einen Lösungsansatz: Mit der **Balanced Scorecard** soll Ihnen ein Konzept vorgestellt werden, das die Verbindung zwischen operativem und strategischem Controlling schafft: Basierend auf einer langfristig ausgerichteten Vision und grundlegenden Strategien werden kurzfristige Ziele und Maßnahmen definiert, die zur Umsetzung der Strategien und zur Erreichung der Vision beitragen sollen. Zielerreichung und Maßnahmenumsetzung werden dabei mittels Kennzahlen gemessen, für die zunächst Sollwerte bzw. Zielwerte festzulegen sind.

Das Konzept der Balanced Scorecard wurde erst in den 90er Jahren des letzten Jahrhunderts unter diesem Namen bekannt gemacht.[1] Damit gilt es als ein modernes betriebswirtschaftliches Konzept, was sicherlich gerechtfertigt ist, wenn man bedenkt, dass die Buchführung bereits im Mittelalter entwickelt und angewandt wurde.

Die nachfolgenden Ausführungen geben lediglich einen kurzen Überblick über das Konzept.

---

[1] Eine kompakte Darstellung der Balanced Scorecard finden Sie bei Behringer (2021, S. 59–65).

© Der/die Autor(en), exklusiv lizenziert an Springer Fachmedien Wiesbaden GmbH, ein Teil von Springer Nature 2023
S. Georg, *Laborcontrolling*, essentials,
https://doi.org/10.1007/978-3-658-40226-6_9

9.2   Strategisches Management

Die Balanced Scorecard (BSC) ist ein **Instrument des strategischen Managements** zur Unterstützung der langfristigen Unternehmensstrategie. Ausgangspunkt ist die Formulierung der **Unternehmensvision** und der langfristigen Strategie. Darauf aufbauend sind die Strategien mit konkreten strategischen Zielen zu verknüpfen und an die nächsten Unternehmensebenen zur weiteren Ausgestaltung zu kommunizieren. Daraufhin können auch die einzelnen Unternehmensebenen und damit auch das Labor jeweils eine eigene angepasste Balanced Scorecard entwickeln. Durch die Festlegung von Zielen und die Abstimmung der strategischen Initiativen wird die Strategie in der Planung verankert, sodass mittels eines strategischen Feedbacks eine ständige Analyse und Korrektur der erzielten Ergebnisse möglich wird.

Die Balanced Scorecard ist seit den 90er Jahren in den USA ein Begriff, als **Kaplan** und **Norton** mit ihrem grundlegenden Werk „The Balanced Scorecard. Translating Strategy into Action" Aufmerksamkeit erregten. Das Konzept basiert auf der Annahme, dass ein Unternehmen visionäre Zielvorstellungen hat, eine Mission erarbeitet und daraus seine Unternehmensstrategie ableitet, die in konkrete Ziele und Aktionen umgesetzt wird.

Durch die Übersetzung der Strategien und Ziele in Maßnahmen wird der Erfolg des Unternehmens mittels Kennzahlen messbar. Dabei sind neben finanziellen Kennzahlen auch nichtfinanzielle Kennzahlen zu berücksichtigen.

Bei der Entwicklung der Balanced Scorecard ist darauf zu achten, dass die Vision und die langfristige Strategie in weniger als 20 Ziele heruntergebrochen werden, die üblicherweise den Bereichen Finanzmanagement, Kundenmanagement, Prozessmanagement und Potenzialmanagement zugeordnet werden können, wie Abb. 9.1 zeigt.

9.3   Entwicklung der Balanced Scorecard für das Labor

Die Entwicklung einer Balanced Scorecard vollzieht sich in mehreren aufeinander aufbauenden Schritten, die in Abb. 9.2 zusammengefasst sind.

Die Vision
Die Vision als Antrieb zum unternehmerischen Handeln beschreibt die Wunschvorstellung eines Unternehmens als übergeordnete Absicht, welche sich oftmals nicht unmittelbar konkret formulieren lässt. *Beispiele* hierfür sind:

Abb. 9.1 Perspektiven der Balanced Scorecard

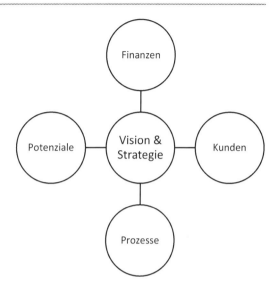

Abb. 9.2 Entwicklung der Balanced Scorecard

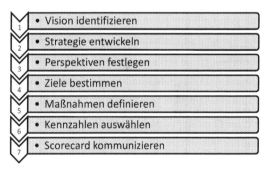

- Wir wollen Marktführer in Deutschland sein.
- Wir liefern nur herausragende Qualität.

Entsprechende Aussagen lassen sich auch für das Labor formulieren. Wo soll das Labor in zehn Jahren stehen? Beachten Sie dabei, dass die Laborvision zur Unternehmensvision passen muss.

Die Strategien

Strategien sind Grundsatzentscheidungen, die sämtliche Unternehmensbereiche (auch das Labor) tangieren, um die unternehmerischen Absichten (die Vision) in die Realität umsetzen zu können. Unternehmensstrategien knüpfen an den Erfolgsfaktoren des Unternehmens an und beinhalten grundsätzliche Entscheidungen, die

* das Leistungsprogramm,
* der Art und den Umfang der Marktbearbeitung,
* die Wachstums- und Gewinnpolitik sowie
* die Einstellung zu Mitbewerbern, Kooperationen, Technologie oder Innovation

betreffen.

In der Praxis werden Strategien nach den Funktionen (Beschaffungsstrategien, Produktionsstrategien, Investitionsstrategien, Personalstrategien usw.) bzw. nach der Art der Marktbearbeitung (Kostenführerschaft, Differenzierung, Konzentration) eingeteilt.

Die Bildung von Strategien lässt sich perfekt auf die Laborarbeit übertragen. Auch im Labor sollten die Erfolgsfaktoren (hohe Qualität, Termintreue, Kundenzufriedenheit) durch Grundsatzentscheidungen gestützt werden.

Die Perspektiven

Um die Strategien umsetzen zu können, ist das Unternehmen in verschiedene Bereiche zu gliedern, für die innerhalb der Balanced Scorecard sogenannte **Perspektiven** gebildet werden. Norton und Kaplan unterteilen die Balanced Scorecard in vier Grundperspektiven:

* Finanzperspektive,
* Kundenperspektive,
* (Interne) Prozessperspektive und
* Lern- und Entwicklungsperspektive (auch Potenzialperspektive, Mitarbeiterperspektive bzw. Personalperspektive).[2]

Neben den aufgeführten Grundperspektiven kommen in der Praxis auch die

* Lieferantenperspektive,
* Kreditgeberperspektive,

---

[2] Vgl. Greischel (2003), S. 6.

- Kommunikationsperspektive,
- Umweltperspektive oder Organisationsperspektive

zum Einsatz.

Das Labor selbst kann innerhalb des Unternehmens eine **eigene Perspektive** bilden, wenn die Laborarbeit zentral für die Unternehmensleistung ist. Alternativ eignet sich die Bildung einer Balanced Scorecard für das Labor. In diesem Fall rücken auch für das Labor die Finanz-, Kunden- und Prozessperspektive in den Blickpunkt. Hinzu kommt sicherlich ein besonderer Blick auf die Einhaltung der Qualitätsstandards (als Qualitätsperspektive).

Die Ziele
Für jede Perspektive sind im nächsten Schritt geeignete **Ziele** zu definieren. Ziele dienen der **Umsetzung von Strategien** und sind somit den Mitarbeitern zu kommunizieren, damit eine Verbindung zwischen Strategie und operativem Handeln geschaffen werden kann. Ziele beschreiben Absichtserklärungen der Unternehmensleitung (bzw. Laborleitung) und geben damit einen gewünschten zukünftigen Zustand wieder.

Auch für das Labor spielt die Zielbildung eine wichtige Rolle. Ohne konkrete Laborziele agieren die Labormitarbeiter oft orientierungslos, da sie nicht wissen, worauf sie hinarbeiten. Natürlich müssen auch die Laborziele zum Zielsystem des Gesamtunternehmens passen.

Die Maßnahmen
Durch Maßnahmen werden die Ziele und Strategien in den Perspektiven konkretisiert. Dabei handelt es sich um **Handlungen,** die erforderlich sind, um die Strategien umsetzen und die Ziele zu erreichen. Maßnahmen zur Umsetzung der Strategie der Qualitätsoptimierung im Labor sind bspw.:

- Akkreditierung des Labors,
- Schulung der Labormitarbeiter,
- Bereitstellung zusätzlicher finanzieller Mittel zur Optimierung der Laborprozesse
- Überarbeitung der Prozessbeschreibungen.

Die Maßnahmen sind also stets in Abhängigkeit der jeweiligen Strategien und Ziele zu definieren.

Die Kennzahlen

Kennzahlen sind in erster Linie Maßgrößen zur Beschreibung der Erreichung der strategischen Ziele oder zur Messung des Erfolgs der gewählten Maßnahmen. Sie dienen sowohl der Analyse als auch der Zielvorgabe und sollten dabei folgenden Anforderungen genügen:

• Die Zielsetzung der Kennzahl muss eindeutig erkennbar sein.
• Sie müssen Fakten möglichst vollständig und klar erfassen.
• Ihre Aktualität ist zu gewährleisten.
• Sie sind einfach aufzubauen.
• Ihre Auswertung und Ermittlung muss wirtschaftlich vertretbar sein.
• Sie muss neben einem Vergangenheitsbezug auch einen Zukunftsbezug erlauben.

Die Anforderungen an Kennzahlen im Rahmen einer Balanced Scorecard entsprechen somit den allgemeinen Anforderungen an Kennzahlen.
    Kennzahlen der Balanced Scorecard können als

• Unternehmenskennzahlen oder Bereichskennzahlen (z. B. Laborkennzahlen),
• als Plan- oder Ist-Kennzahlen,
• als harte und weiche Kennzahlen,
• als Früh- oder Spätindikatoren

gebildet werden.
    Für die Balanced Scorecard sind **Früh- und Spätindikatoren** zu bilden. Frühindikatoren werden auch als Leistungstreiber bezeichnet. Sie sollen bereits zu einem frühen Zeitpunkt Rückschlüsse auf zukünftige Entwicklungen ermöglichen. So deutet das Wachstum des Auftragseingangs im Labor auf eine Verbesserung der grundsätzlichen Laborauslastung hin. Harte Kennzahlen sind in der Regel objektiv messbar (Anzahl der Proben), weiche unterliegen dagegen einer gewissen Subjektivität (Zufriedenheit der Labormitarbeiter).
    Mit diesen Elementen lässt sich eine Balanced Scorecard für das Labor erstellen, die der Laborarbeit eine klare Orientierung gibt und eine Messung und Beurteilung der Laborleistung ermöglicht.

Fazit zum Laborcontrolling

10

Die vorangehenden Kapitel zeigen die enge Verknüpfung des Laborcontrollings mit dem Unternehmenscontrolling. Da Unternehmen Geld verdienen müssen und so auf Wirtschaftlichkeit und Rentabilität angewiesen sind, übertragen sich diese Forderungen und Ansprüche auf alle Fachabteilungen und so auch auf das Labor. Da es das eine Labor nicht gibt, sondern sich die Funktionen, die Organisationsmodelle und die Arbeitsweisen von Labor zu Labor unterscheiden, gibt es kein allgemein gültiges Vorgehensmodell zur Optimierung der Laborarbeit. Aber genau darauf kommt es an. Denn neben den selbstständigen Laboren, die eigene Rechnungen schreiben können, weil sie ihre Leistungen direkt am Markt verkaufen, gibt es auch viele Labore, die im Unternehmen als Kostenstelle einzuordnen sind, oftmals sogar als Hilfskostenstelle. In diesem Fällen ist es von besonderer Bedeutung, die Leistungen **effektiv** und **effizient** zu erbringen. Um die Laborleistungen mit den allgemeinen Unternehmenszielen verbinden zu können, ist ein grundlegendes Verständnis des Unternehmenscontrollings erforderlich.

Im Ergebnis lassen sich viele Methoden des Controllings auf das Labor übertragen. Insbesondere spielen gute Kenntnisse im Bereich des Rechnungswesens (vor allem auch im Bereich der Kostenrechnung), der Budgetierung, der Arbeit mit Kennzahlen und der Konstruktion einer (Labor-) Balanced Scorecard eine entscheidende Rolle. Das Laborcontrolling geht somit weit über den Einsatz eines Labor-Informations-Management-System (LIMS) hinaus.

S. Georg, *Laborcontrolling*, essentials,
https://doi.org/10.1007/978-3-658-40226-6_10

Was Sie aus diesem *essential* mitnehmen können

- Alle Unternehmen müssen Geld verdienen, auch diejenigen, die Labore führen.
- Die Labortätigkeiten wirken sich unmittelbar auf die Erreichbarkeit der Unternehmensziele aus.
- Sowohl die Ergebnisse des externen als auch des internen Rechnungswesens (insb. der Kostenrechnung) werden von der Arbeit im Labor beeinflusst.
- Viele klassische Controllinginstrumente eignen sich auch – bei geringen Anpassungen – für den Einsatz in Laboren.
- Kennzahlensysteme und die Balanced Scorecard lassen sich gut auf die aufbau- und ablauforganisatorischen Merkmale von Laboren zuschneiden.
- Das Laborcontrolling ist mehr als nur der Einsatz eines LIMS.

© Der/die Herausgeber bzw. der/die Autor(en), exklusiv lizenziert an Springer Fachmedien Wiesbaden GmbH, ein Teil von Springer Nature 2023
S. Georg, *Laborcontrolling*, essentials,
https://doi.org/10.1007/978-3-658-40226-6

Literatur

Bayerisches Landesamt für Gesundheit und Lebensmittelsicherheit. Onlinequelle, Aufgaben/Zuständigkeiten der Stabsstelle Präsidialbüro, Koordination und Strategie (K), Sachgebiet K4, Labororganisation, Laborcontrolling und -reporting, abgerufen unter: https://www.lgl.bayern.de/das_lgl/aufgaben_zustaendigkeiten/k_aufgaben/k4_ueberblick.htm.

Behringer, S.: Controlling (Studienwissen kompakt), Wiesbaden 2021.

Dietrich, E./Georg, S.: Controlling in der Luftfahrt, Wiesbaden 2022.

Georg. S.: Das Taschenbuch zum Controlling, 2. Auflage, Berlin 2021.

Georg, S.: Onlinequelle. Kostensteuerung und Kostenanalyse, abgerufen unter: https://wiinkostenmanagement.de.

Georgopoulos, A./Georg, S.: Anforderungen an das Controlling, Wiesbaden 2021.

IGC: Onlinequelle. Das Controller-Leitbild der IGC, abgerufen unter: https://www.icv-controlling.com/fileadmin/Verein/Verein_Dateien/Sonstiges/Das_Controller-Leitbild.pdf.

Greischel, P.: Balanced Scorecard, Erfolgsfaktoren und Praxisberichte, München 2003.

Hagen, K.: Finanzcontrolling, in: Müller/Uecker/Zehbold (2003), S. 80–105.

Heesen, B.: Basiswissen Bilanzanalyse, Wiesbaden 2020.

Heesen, B./Wieser-Linhart, V.: Basiswissen Insolvenz, Wiesbaden 2021.

Klinkner & Partner GmbH: Onlinequelle. LIMS, abgerufen unter: https://www.lims.de/.

Langmann, C.: Digitalisierung im Controlling, Wiesbaden 2021.

Meffle, G./Heyd, R./Weber, P.: Das Rechnungswesen der Unternehmung als Entscheidungsinstrument, Band 1, 3. Auflage, Köln 2000.

Müller, A./Uecker, P./Zehbold, C.: Controlling für Wirtschaftsingenieure, Ingenieure und Betriebswirte, München/Wien (2003).

Pooten, H./Langenbeck, J.: Bilanzanalyse, Herne (2016).

Preißner, A.: Praxiswissen Controlling, München/Wien 2010.

Rickards, R.C.: Budgetplanung kompakt, München/Wien 2007.

Specht, O./Schweer, H./Ceyp, M.: Markt- und ergebnisorientierte Unternehmensführung für Ingenieure und Informatiker, 6. Auflage, München 2005.

Statista (Hrsg.): Onlinequelle. Durchschnittliche Eigenkapitalquoten von mittelständischen Unternehmen in Deutschland nach Beschäftigtengrößenklassen von 2006 bis 2020, abgerufen unter: https://de.statista.com/statistik/daten/studie/150148/umfrage/durchschnittliche-eigenkapitalquote-im-deutschen-mittelstand/.

Stelling, J.N.: Kostenmanagement und Controlling, 3. Auflage, München 2008.

Weber, J./Schäffer, U.: Einführung in das Controlling. Stuttgart 2022.

Wöhe, G.: Einführung in die Allgemeine Betriebswirtschaftslehre, 20. Auflage, München 2000.

Zantow, R.: Finanzwirtschaft der Unternehmung. Die Grundlagen des modernen Finanzmanagements, 4. Auflage, München 2007.

Printed in the United States
by Baker & Taylor Publisher Services